La Vie
pas toujours rose
d'Édith Piaf
Philippe Crocq et Jean Mareska

艾迪特·皮亚芙
人生并非总是玫瑰

[法] 菲利普·克罗克 让·马雷斯卡 著
高方 杨振 译

作家出版社

目　录

前言 ………………………………………………… 1

序　没有爱，我们什么都不是 ………………………… 1

1. 美丽城，也是巴黎 ………………………………… 1

2. 街头学艺 ……………………………………… 17

3. 所有的爸爸都叫路易 ……………………… 27

4. 没有勒普莱的热尔尼之家 ………………… 37

5. 雷蒙，她的外籍军团士兵 ………………… 45

6. 必不可少的 ABC 音乐厅 ………………… 61

7. 科克多发现冷漠，皮亚芙发现戏剧 ……… 67

8. 伊沃，上来! ………………………………… 91

9. 在百老汇的成功与邂逅 …………………… 104

10. 斗士时代 …………………………………… 115

11. 马塞尔永在 ………………………………… 129

12. 安德烈推开了康斯坦丁 …………………… 144

13. 银幕上的皮亚芙 …………………………… 148

14. 我们结婚吧! ·················· 151

15. 人群在她的行李箱里 ·················· 165

16. 来了又去 ·················· 170

17. 美国恋人 ·················· 177

18. 可怕的岁月 ·················· 183

19. 固执的迪蒙 ·················· 189

20. 最后一缕阳光 ·················· 206

21. 一九六三 ·················· 215

译后记 ·················· 225

附录

由艾迪特·皮亚芙作词和/或作曲的歌曲 ·················· 228

银幕上的艾迪特 ·················· 233

舞台上的艾迪特 ·················· 237

唱片分类目录 ·················· 239

参考书目 ·················· 243

前　言

走进皮亚芙的生活，是攀登阿索斯山①走入宗教殿堂。

并足跳入她的传奇，遭遇的总是荆棘之冠。

她的早年岁月是在变化不定的街头度过的。"故事太美，美得失真。"萨沙·吉特里②这样写道。

多少为她作传的人都迷失在她模糊不清的儿时回忆中。

为她拍摄影片的人同样也为超乎他们想象的奇遇而迷惑。

"人们谈论我谈得太多。"她说，"有多少日子我自问自己过去是谁，现在怎样，将来又会如何？"

喧嚣声、闪光灯、赞美的低语、美式口哨、场内起立鼓掌的观众，还有落下的帷幕、熄灭的灯光以及黑暗，比她长裙更深沉的黑暗。伴随着这一切，艾迪特·皮亚芙的故事俨然就是女王的故事。

真真假假的朋友聚集在她的殿堂，为了成为她的宠臣，也是为了利用她的慷慨。她并不是好骗的，但对任何人都不拒绝什么。甚至在演出结束后遇到流浪汉，她都会因为对方"面目和善"而慷慨解囊。

她的传奇就像是神奇的脊椎扛着脆弱的骨架，上面布满错

---

① 阿索斯山位于希腊东部伸入爱琴海的恰尔基迪半岛东南端，是东正教的精神中心，被视做"圣山"。亦有"修士之国"、"女人禁地"的称号。——译注

② 萨沙·吉特里（1885–1957），法国剧作家、演员、电影艺术家，被视为法国两次世界大战期间轻松喜剧的代表作家。——译注

综的神经和纤弱的血管，由此构成她的玫瑰人生。在这纠结的人生中，一切都未定，一切都有可能。

她在警察披风里发出的第一声啼哭，与其说是小红帽的臆想，不如说是大灰狼的嚎叫！

当内政部长决定取消执法者制服的披风时，人们不由得产生怀疑。他是想把线索搅乱，还是想断了那些可能再出意外的女人的念头？

在谈及她的出生时，艾迪特不就说过她母亲没有来得及进产房，婴儿就已经呱呱落地了？

她的女友们个个都会编故事，难道她们另有所指？

或许她们只是稍事夸张、粉饰真相，以至于警察的披风比特农医院的方格地砖还美。

当传奇如此传奇，一切都变为可能，虚构就会让现实变得滑稽可笑了。

序 没有爱，我们什么都不是

一九六三年二月廿一日，皮亚芙在博比诺①登台演唱。在台上，她比任何时候都柔弱。听众纷纷低语："她来了，她回来了！"掌声热烈响起。

她的一身打扮，宛若传奇，一袭小黑裙，披着长袖羊毛开衫，那是为了掩饰瘦弱的手臂。

有人想帮她，扶她，领她走向遥远的麦克风。

再说，她能走到那儿吗？她的脚步是那样的摇晃不定。

然而，令她担心的不是她的双腿。她一辈子都在走，从美丽城到蒙马尔特高地，从蒙马尔特高地到马克-马翁大道。在这舞台上，再走几步又何妨？

"只要意志坚强。"有一次出院时，她对《震旦报》的记者说，"什么都能摆脱，哪怕是医院；要不了多久我就会重返舞台，奇迹这个词儿，我可禁止你们使用！"

不，今天她步履蹒跚，并不是因为缺乏力量。然而，她忐忑不安地朝乐队瞥了一眼，音乐轻起，随之响起热烈的欢呼声。

在这之后，对她来说什么都不再重要。她抓起麦克风，神色灿烂。他们怎能把她忘记！

这几个月来，皮亚芙在生死之间一次次徘徊，谁也不知道

---

① 博比诺是巴黎一家著名音乐厅，位于蒙帕纳斯区，是一战后巴黎演艺界表演的场所，诸多知名歌手在此登台成名。——译注

她的歌曲从何而来，她的泪水又是为何而止。

一九五八年，她在奥林匹亚①演唱时昏倒在地。她到瑞士的巡演就此取消。

后来，又遭遇了那次车祸，在纽约华道尔夫饭店演出时身体不适，然后又是一次次住院，先后五次手术。直到有一天，对于她让自己身体所遭受的一切，她的身体断然说"不"。它再也承受不了酒精、彻夜不眠和注射器。

她照着镜子，看见自己脸庞肿胀、头发蓬乱。男人不再想要她，这也无所谓。与其说她抛弃了一个个男人，不如说是他们背叛了她。

在她受罪的这三十个月中，她操心的是别的东西。她想念她的观众，她只想念他们。

与他们重新相见时，他们是否忠诚依旧？

他们是否已另结新欢，背叛了她？是布雷尔②喜欢的那个西蒙娜·朗格卢瓦，还是河闸酒吧刚刚捧红的芭芭拉？

她快速浏览了一张张有演唱报道的大报小报。到底是谁呢？

皮亚芙心里又出现对被遗弃的恐惧。她不是早就无所谓了吗？

昔日的回忆再一次将她淹没。小时候，她是个惹人嫌的孩子，被穷到一起的大人们推来推去，如同对待破衣裳，随手乱扔。

有一些脸庞，她曾爱过，爱过几个小时、爱过几天，之后，她便永远失去了它们。

---

① 奥林匹亚是巴黎最早的音乐厅，也是迄今为止依然营业的音乐厅。法国许多著名艺术家，如艾迪特·皮亚芙、夏尔·阿兹纳伍尔、米丝廷盖特、玛丽·迪巴、弗雷埃尔、达米娅、达莉塔等都在那里登台表演过。——译注
② 指雅克·布雷尔（1929－1978），比利时著名法语歌手。——译注

她的母亲，把她扔在咖啡馆里不管不问；她的父亲，她爱他就像爱剑子手那样爱恨交加。还有那些男男女女，利用他，欺骗她！

莫莫娜是何许人？是她的好妹妹，还是放荡女友？

"我精神的苦恼是我放浪的原因所在，"她曾这样坦白，"可卡因可不撒谎。"瘾君子们后来如此高唱。皮亚芙成了他们的先驱。

勒普莱是第一个给予她的多于向她索取的男人。他们的相逢像是圣诞节的显圣，开始于十月，他们的友谊通过内心激情的交流而不断持续。

他所做的，不仅仅是教她如何登台演唱，如何为自己选择歌曲。他带她去见一个个时装设计师，可她都看不上眼，直到有一天遇到了克里斯蒂昂·迪奥。他们俩的故事这里不再赘述。

一九六三年二月廿一日，在博比诺，陌生的观众让她心中得到了安慰，他们在那一刻所给予她的，要远远多于她身边的亲朋在过去多少年中对她的付出。

他们从来就没有忘却她。在幕布落下前，他们一直站立着，拥挤在一起，像海潮一般。他们对她一直忠心耿耿，从未改变。

皮亚芙的观众是流星的追逐者，是星系的追随者，在星光闪现之后，留下的是爱的尘埃。

1. 美丽城，也是巴黎

艾迪特的父亲路易·加雄常说："她的身世，可跟别人不一样。"

他是暗指孩子生在马路边上？不少人都是这么说的。或者，他只是想强调，祖母摆地摊、父亲演杂技、母亲在街头卖唱，这样一个家庭赋予了孩子一份与众不同的遗产？

有一件事是肯定的，那就是这些人都是今朝有酒今朝醉！

街头卖艺的传统，继承于中世纪的街头杂技艺人，由来已久，不断发展。喷火的、举重的、驯狗的，形形色色的杂技艺人，还有唱歌的、弹拉的，男男女女，给大都市的街头带来了欢闹。对于手头钱不多，无法去享受咖啡、音乐之欢乐的某些市民来说，花上一个子儿，也就算实现了自己的几分梦想。

有的艺人如果手头有钱，会不惜花钱雇一两个同谋，行话叫"媒子"。他们带头往帽子里扔钱，引着看热闹的观众往里扔。他们还有一个任务，就是时刻提防警察的到来，因为在当时是禁止干这些营生的。至于扒手，热闹的人群给了他们下手捞钱的好机会。路易·加雄和他妻子就是在这贫穷与卑劣当道的圈子里挣得一席之地的。

路易这位街头艺人，当时被认为是"杂耍高手"。常以街道一角为家，把脏兮兮的毯子往地上一铺，把凸凹不平的帽子往毯子上一放，煞是显眼，他放声招徕看热闹的人群，吹嘘说要给他们看谁都没有看到过的热闹。确实，有些人是从来看不到的，因为他们不愿牺牲几个子儿去凑热闹，而是宁愿避开。留下来看表演的只有寥寥几个，那是因为他们给了钱，要对得起给的钱！

这种场面可以持续很久，只要帽子里的硬币凑不够酒钱，这场面就一直持续下去。"我求您的不是一个子儿、两个子儿，而是要足够我养家的钱。"他嘴里常常这么说。

听他的口气，仿佛他是在欧洲最伟大的宫廷里表演，而王公贵族想让他与侯爵夫人成亲似的。"我这人，向来不要施舍，"他常常加上一句，"自由就是这个价。"

每当他理屈词穷，他会拿出他父亲的那一套说法。他父亲路易-阿尔丰斯，人称"陡坡"。是表演"光背骑马"的马术高手，先后在拿破仑马戏团和皇后马戏团表演过，有过相当大的名声。他后来与一位年轻女子成婚，婚后生了一帮子女，其中有路易·加雄，很自然，这些子女生来与马戏艺术有缘。不过路易小时候身体孱弱，人长得又小。"可惜啊！他不能继承我的马术生涯。"他父亲感叹道。

路易没有成为角斗士，也没有成为举重的大力士，更没有成为马术高手——一看到马，闻到这些浑身散发出马粪味的高大牲畜，他就想吐。

轻盈与灵巧成了他未来命运的两张王牌。

可帽子老是不能填满。

于是，路易亮出一身健壮的肌肉，说这可是货真价实的，还说女人们迷的就是男人的肌肉，常常弄得一些女人臊红了脸，又惹得一些女人咯咯地笑。

最后，路易估摸着帽子里已经满了，可以开始表演节目了，便说，"马上开始了，好看的来啦！"

路易是玩倒立的高手，是做柔体表演的天才。

他表演出色，仿佛世上只有他一个人拥有四只手，或者说拥有四只脚。他还常常说："还有这手指呀，就像是螺旋弹簧，一撑就可以把身体弹飞起来！"

每到这个时刻，观众们就噤了声，仿佛来到了圣沙佩勒教堂。

表演一结束，路易收拾起帽子、硬币还有毯子。"先生们，女士们，再会。"然后，又走向另一条街道，在另一个街角又开始他的好戏。

不过，每次表演的间歇，在开始新一轮征服之前，他总是不忘去小酒馆歇上一会儿。

路易不随意发火，也不轻易动手。他敏感、多情、爱诱惑人。"我这人，无论对什么事，对什么人，都不加抵挡。我的本性如此！"他跟有夫之妇暗地里搂搂抱抱，跟女仆在阁楼的佣人房间里厮混，也喝几杯让诗人灵感大发的苦艾酒。

他唯独钟情于普普通通的葡萄酒。"这种酒可以喝个够，比苦艾酒便宜多了！"

凡是和他好过的女人，他还是认的，可生出的孩子，他可从来不认。

加雄随处播撒情种，算到他头上的孩子竟有十九个之多。

"怎么就不说整二十，"当这话传到他妻子耳朵里时，他总说，"这不证明是有人想毁我的名声吗？"

艾迪特的母亲叫安妮塔·马亚尔，一九一四年九月四日嫁给路易。她也出生于行走江湖的家庭，父亲奥古斯特曾有过一家马戏团。

她的母亲名叫阿伊莎·赛义德·本·穆罕默德，是柏柏尔人的后代。安妮塔·马亚尔后来取名莉娜·马尔萨，有时在舞台表演，但更多时候是在街头卖唱，她最终也没能成为一个伟大的现实主义歌手。她可能录制过歌曲，可现如今已无迹可寻，人们只能找到几张她演唱歌曲的"小开本"的曲目集，上面印着她的照片。

住户的院子、门廊和广场是她表演的舞台。没有领座小姐，没有乐队伴奏，没有幕布，也没有座椅。观众站着听她美丽而有力的歌声，那是她留给艾迪特的唯一馈赠。唱完，她便到观众中间去卖她的曲目集。安妮塔跟丈夫一样好酒，所以也不比路易忠诚多少。

偷情之类的，她也有过，不过是家庭主妇换成了搬家工。在生艾迪特的时候，加雄夫妇的关系已经危机四伏了。

跟杂耍高手一起生活，无异于期待永远也不会发生的奇迹。路易总是欺骗他的老主顾，他们被戴上了绿帽子，却也只能忍气吞声。他欺哄街头的轻浮女子，立下爱的誓言却从不去兑现。

在跟安妮塔的私生活中，他难道会是两样？当然不会。他使用同样的把戏，满口谎言，直到有一天妻子终于信服了。于是，他洋洋得意地说："你是知道的，我只爱你！"

在二人世界中，他维持的是美国人所说的"timing"（计时）关系，没有太长的谈话，说多了他兴许会被绕进去，也没有一个多余的词，多了会让人厌烦。Swing（摇摆），总是 swing（摇摆）[1]！

从某种意义上来说，加雄是法兰西最早的爵士乐手！

怀上艾迪特之后，莉娜为当时在前线的路易请到了一次短假，为的是孩子降生时，路易能亲眼看到，或至少能在场。

所有为艾迪特立传的人似乎都同意这一点。可后来，真相便走上了岔路口，上了一条条岔道。弗朗索瓦·莱维在《艾迪特·皮亚芙——激情一生》中写道："艾迪特之降生，选择了一条神秘的道路，借此而孕育其自身的传奇。"

有一点是肯定的，那就是她的出生是一九一五年十二月十九日在巴黎第二十区登的记，姓名为艾迪特·乔瓦娜·加雄。取艾迪特为名，是为了纪念艾迪特·卡维尔，那是个英国护士，因间谍罪被德国人处决。

后来，迷雾又因路易而起，因为路易虽然请假归来，却在整个事件中缺席。婴儿的出生是由医院一名叫雅娜·克洛齐埃的助产士申报的。

有一天安妮塔发了火，说："路易那天错过了回巴黎的火车，却没错过小酒馆！"

让-多米尼克·布里埃在他写的传记中说：路易那天实际上赶到了巴黎，他出门去叫救护车，却瞥见了一家小酒馆！

出了月子，莉娜因为战争与丈夫天各一方，孤独一人带着新生的婴儿。为了能够继续"咖啡馆歌手"的营生，她把艾迪特托付给了母亲。

---

[1] 原文是英文，法文也从英文借用了这一词汇，指爵士乐节奏。——译注

有一次路易休假回来，莉娜又怀孕了。一九一八年八月三十一日，埃贝尔·加雄降生了。

艾迪特从没见过弟弟。婴儿出生后没多久就夭折了，当时她住在奶奶家……

离别、战争、时光流逝、贪杯、生活困苦、一夜或者一时的私情，这就是加雄夫妇婚姻生活的实质。

路易有一次请假回家，去看望岳母。艾迪特的外婆住在莱贝瓦尔街，家里又脏又穷，上顿不接下顿，酒倒是能拼命地喝个够。为了能让小丫头睡着，奶瓶里总会掺上一点儿红葡萄酒。小姑娘脏兮兮的，他都认不出来了。他决定把女儿带出这个穷窝，把她托付给自己的母亲。他母亲是在诺曼底地区贝尔奈的一家据说是妓院的地方做厨娘。"小丫头在鸡窝里待的时间太长了，找个宽敞的地方住，对她有好处。"

在路易看来，处在天真无邪的年龄，对于孩子来说，所有能闻苹果塔香味的地方都是传说中的睡美人的城堡，管它是不是什么窑子。

不管怎么说，得把小姑娘从她外婆手中夺过来才好，可外婆觉得艾迪特在身边对她每日的营生很管用。每次想喝酒了，也就是说在小酒馆开门的时刻，摆地摊卖旧货的外婆就会拖着小丫头，把她往吧台上一放，让她唱歌。

"渴了真要命，"她常说，"非逼着你出门不可！"

每当外婆梅纳牵着小丫头的手走进小酒店，酒店老板就会招呼都不用打一声，便拿出一瓶红酒，让她喝个痛快。

从一家小酒馆到另一家小酒馆，一直喝到顾客们不再为这位歌声动人的小丫头流一滴泪，一个个醉倒在桌上。

每次，差不多都要到清除垃圾的时刻，小丫头才扶着外婆，一老一少回家去。艾迪特的第一个经纪人，实际上是她的外婆。

艾迪特到了新家，觉得那里的太太们一个个都很漂亮，可她们觉得艾迪特浑身太脏了，不得不一次又一次给她洗澡。每一次洗澡，她都大叫大喊。要想去掉她身上一层又一层的陈年污垢，得费不少劲。外婆梅纳是抓跳蚤的老手，但不会使肥皂！"太太们"坚持不懈，不断地给艾迪特说好话，并且轻轻地爱抚她。

在那个年代，这类场所并不会让人皱眉头。那些乐施好善的夫人经过门口时，至多只是画个十字而已。

在巴黎，"沙巴奈"和"One Two Two"这两家场子，迎接的可都是小资产阶级和大资产阶级的男性代表。在首都，那些一身游客打扮的人士，与其说喜欢参观卢浮宫，倒不如说喜欢逛这类休闲场所。

外省也不缺这种场所，来的都是常客，大都是当地的显贵和工厂主。

这些显贵或工厂主的夫人，生了一胎又一胎，全都厌倦了，一个个都闭上了眼睛，宁愿丈夫能高高兴兴，手里捧着一束花回家，而不是回来挑刺儿。除了有严格的卫生保障，这些场所还很注意不事声张，加上待客又热情，所以成了男人们喜欢聚集的好地方。他们到这里来，并不仅仅为了登上金灿灿的台阶直奔香气扑鼻的幽室，也是为了来此地用餐、喝上一杯、抽支雪茄、与那些女子聊聊天，她们总是能帮着出些好主意。

一九四六年，玛尔特·里夏尔[1]为正德行，把姑娘们全都赶了出去。

社会由此向虚伪敞开了大门，公开的享乐就这样被禁止了。不过，男人们并没有因此而改变在世上的那一点点作乐的追求，他们冒着出错的危险，试探着跟女子们搭讪，钻进小货车，在里面悄无声响地干一番英雄壮举。可怕的误会。

艾迪特洗得终于可以见人了，她在房子的各条走廊中游荡，透过过道上紧闭的百叶窗，屋子里还能射进缕缕阳光。"太太们"上楼回房却不是为了睡觉，这些艾迪特是看不到的。可她能闻到她们身上的香水味，听出她们的"咯咯"笑声。她终于吃饱了肚子，还得到了抚爱和关心。

她渐渐恢复了气色，跟着别人没头没脑地闲扯几句，其中混杂着她儿时的记忆和空幻的梦想。

她漫无目的地在环绕房子的园子里走着，发现了乡野的阳光和树木的阴影。

她呼吸着从未呼吸过的空气，听到了围着花丛纷飞的蜜蜂的嗡嗡叫声。对于一个只知道莱贝瓦尔街和街上那些小酒店的小丫头来说，一切都有待于发现。

一个农夫溜达到了老板娘露易丝家，给老板娘送上了一只差点被淹死的小猫："给小丫头做个伴吧。"艾迪特久久地抚摸着这个小毛球，给它百般的爱抚和温情。这恐怕是她有过的唯一一只小动物，不是因为她自私，而是因为她生活动荡，很少

---

① 1946 年，法国通过了由玛尔特·里夏尔提议的《娼妓管理法》，全法国有 1400 多家色情场所被勒令关闭。——译注

有稳定的居所。

园丁在一棵苹果树的树枝上挂了一个秋千。住在馆子里的女子时不时会过来摇一摇，艾迪特独自坐在秋千上，闭上眼睛，醉一般地享受着那种飞荡的感觉——那种不再属于大地的感受。她开心地笑，笑得是那么无遮无拦、那么响亮、那么快乐。这种笑声，一辈子都没有离开过她。在她的一生中，她对市井节日、对游乐场所和家庭都有着不可抑制的爱。后来，她在歌中颂唱了这些地方。

她常常坐到馆子门厅处的钢琴前，用小手指在还分辨不清的琴键上乱弹。在这里，她不是撞到了家具，就是摔倒在楼梯上。这里的人用破布为她缝制小玩意儿。她笨手笨脚，一准会把小瓷娃娃漂亮的脑袋碰碎。在外婆家度过的那些困苦日子给艾迪特造成了伤害。她得了角膜炎，角膜的感染有可能导致失明，但在她身上却出现了奇迹。

对此有两种不同的说法。有一种说法是，有位医生建议艾迪特用滴剂，给她眼睛蒙上了纱带，几个月里不透光。
另一种说法是，要是妓院的那些女子在去利雪①朝圣时没有为她祈祷的话，不透光的纱带对治愈她的眼疾也不会起什么作用。
一九五九年九月三十日的《法兰西晚报》有一篇文章谈到了这件事："一天，大夫揭下了纱带，艾迪特说：'我看清

---

① 利雪是法国下诺曼底大区卡尔瓦多斯省的一个城市，是圣女圣泰蕾兹的故乡，是继卢尔德之后法国天主教的第二大朝圣地。——译注

了！'"那些女人这时才去利雪，点上了大蜡烛，以示感恩。

后来，皮亚芙也没有出面澄清什么，因为浓雾有时比刺眼的阳光更美，何况传奇式的艺术家也同样需要虚构，这有益于提高女歌唱家的声望。

一九六六年，莫里斯·舍瓦利耶[1]与布鲁诺·科卡特里[2]和泰奥·萨拉波[3]一起，为钉在美丽城街七十二号门上的纪念牌揭牌，纪念牌上写着："艾迪特·皮亚芙，一贫如洗，降生在这座房子的台阶上。"

从此，她可以去过正常的日子了。她被送去上学。在学校里，她是个好奇、勤奋的孩子，开始学念书、写字。要是没有什么流言，日子也就算平安了。可贝尔奈的那些正人君子们听到了传闻，开始愤愤不平。

那些一家之主，时不时也是露易丝开的馆子的主顾，他们首先发难。他们的子女怎么能跟一个放了学去妓院吃饭和睡觉的小丫头坐同样的板凳上课呢！

教区的本堂神甫也开始说教。在艾迪特生活在黑暗之中的时候，人们还可以去笃信殉教的圣女。既然她已经恢复了视力，那么，在她眼皮底下发生的事情，是一个女孩子不应该看到的！

确实，艾迪特被看做馆子的吉祥物，先生们来的时候，她

---

① 莫里斯·舍瓦利耶（1888－1972），法国著名歌手和电影明星，与艾迪特·皮亚芙私交甚密，其成长经历也与皮亚芙相似，同样出身于巴黎第二十区的市民街区。——译注
② 布鲁诺·科卡特里（1910－1979），法国词曲作者，担任过诸多歌星的经纪人，包括雅克·皮尔斯、吕西安娜·布瓦耶等，在经营奥林匹亚音乐厅期间曾雇用多名演艺明星登台表演，其中有艾迪特·皮亚芙、伊夫·蒙当、吉尔贝·贝科、达莉塔、约翰尼·哈里戴等。——译注
③ 泰奥·萨拉波（1936－1970），原名泰奥法尼斯·朗布卡，是艾迪特·皮亚芙第二任也是最后一任丈夫。——译注

常常能撞见。她看见他们一一安顿下来，点起雪茄，一个个的表情像是贪吃的猫，喝着苹果烧酒，然后消失在灯光柔曼的楼梯里。

然而，这里的人想尽一切办法不去刺激她，让她感觉到家庭的氛围。每晚都有一个姑娘哄着她睡觉。当然，很少是同一个姑娘。姑娘们都抢着这份礼仪式的快乐，比起交际沙龙来，这可是新鲜的享受。要是馆子里顾客不多，艾迪特还能像所有小姑娘一样，听人讲述公主和英俊骑士的故事。

听完故事之后，她会装出睡着的样子，听着帷幔后传来的一阵阵笑声、开酒瓶塞儿的声音和庞大的机械钢琴弹奏的忧伤的曲调，这架钢琴是放在沙龙里的，会自动弹奏。在装饰得漂漂亮亮的小阁楼里，她拥着那些破布制作的布娃娃，每次入睡前，她都会哼唱一番。

她太小了，也太单纯，不可能明白楼下宽畅的房间里发生的事情，可她猜想那里一定发生着禁止孩子们知道的事。露易丝太太尽了心，把孩子安顿在房子的另一头，跟她祖母靠得近些。这样一来，艾迪特自然也就看不到那些先生头发蓬乱、蝴蝶结歪斜、步履蹒跚下楼的模样了。

艾迪特可以认为自己是幸福的。她有祖母的宠爱和姑娘们的疼爱，生活在童话故事和美丽衣裙当中。只是在学校里，情况变得复杂了。孩子们都用奇怪的眼神看她，耳边时不时传来只言片语，她不明白到底是什么意思，但能感觉到那是些恶毒伤人的话。

战争结束了，路易归家后重操杂耍旧业。他还跟一个叫苏珊娜·居约东的女人又生了个女孩，这个女人是路易的一个街坊，已有三个孩子。她好说歹说，让她当时的情人让-巴普蒂斯特·贝尔托认了这个小孩，小孩后来起名叫西蒙娜。这个孩子就是后来的莫莫娜，艾迪特同父异母的妹妹，也是艾迪特艰难岁月里的伴侣，其出生日期为一九一八年五月二十九日。

　　丑闻在贝尔奈继续酝酿。路易得知了消息，决定领回自己的女儿，倒不是因为公然的流言，而是因为他在心底盘算，现在已到时候，艾迪特该到街头参加表演了。他对母亲说："小丫头不小了，当然也还没有出落成姑娘：那种见不得人的事，她还不够年纪。我要把她带回巴黎去。"

　　姑娘们哭了，露易丝企图讨价还价，可纯属枉然。路易一回到首都，便把艾迪特托付给他的一个朋友，此人叫卡米耶·里邦，绰号叫阿尔维纳，家住阿芒迪埃街；这是一个"驯孩子"的行家里手，其使命是要将路易的女儿训练成为杂技高手。
　　不幸的是，或者说万幸的是，艾迪特身体太硬，连最基本的东西都学不会，比如侧手翻或者后仰。路易是个很讲实际的人，他变了花样：于是艾迪特跟驯兽女郎到酒吧去唱歌赚一瓶酒钱，或到街头去卖唱挣几个子儿！
　　她当时九岁。

　　从妓女的疼爱中被抢出来后，艾迪特被投进了一个酷似费里尼的影片《大路》① 描写的天地之中，她的父亲就像是影片中

---

① 《大路》为意大利导演费里尼的代表作，摄于1954年，讲述了浪迹江湖的卖艺人的故事。——译注

的赞帕诺，父亲与女儿之间的关系十分复杂，混杂着爱与统治。要是他觉得女儿唱得不够卖劲，或者得到的钱不够他喝酒开销，他抬手就打她耳光，就揍她。打过之后，父女俩又相互依靠，以战胜那必须摆脱的贫困生活。可这种日子始终去了又来，而且一次比一次凶猛，就像是汹涌的海洋，将沙之城堡彻底摧毁。

有些日子，他们可以付得起旅店的房费，可有的日子，他们只能露宿在门洞下。这种暴力相加的街头教育后来一直影响着皮亚芙与她情人或丈夫的关系。

路易不知道什么叫感谢。训斥与耳光经常像雨点般落在小丫头的头上，她缺少的是疼爱。帽子里的铜板，她是一个子儿也拿不到的。眼下，她也不在乎这东西。

在父亲的词汇里，找不到"爱"、"慈爱"、"教育"和"卫生"这些词。艾迪特渐渐忘了洗澡水的温暖和穿干净衣服或闻起来香喷喷的乐趣。贝尔奈已经远去，浑身喷香而且和蔼的小姐们只是一个逝去的回忆。

有一天，她意识到，比起父亲的吹嘘，她串场演唱的歌曲更能引起街头看热闹的人群的兴趣。路易上了年纪，撑着手指倒立行走已经不易，而艾迪特很快长得有模有样，她支着两条细细的腿，随着歌声左右摇摆，两只黑色的大眼睛吞噬了小小的脸庞，这一切已经足以挑起一些不干不净的情愫。加雄老爹什么也没看明白，以为自己始终是街头之王。

艾迪特学会了盯着人群中的某位男人看，让他以为她是专门为他歌唱《中国夜》或《这是我的心》。

她发现了自己的职业之道。整整一生，她都充分利用这种本能，调整自己的演唱曲目，以适应不同的听众。

到了十二岁，她对这种日子已经难以忍受；到了十四岁，父亲的流浪生活成了重负。她再也忍受不了四处游荡的夜晚，忍受不了醉酒后的傻笑，还有那些把她当成女人盯着看的陌生男人。她不得不央求父亲给她买一件粗毛绒衫或买一双鞋子。他自己吃得不多，当然也就没有理由让女儿吃得太肥。当饿得实在受不了时，她有时会趁父亲喝醉酣睡的当儿，从父亲的口袋里偷几个子儿，跑到街上去给自己买一块面包吃。有一天，父亲发现钱被偷了，于是比平时更凶狠地拼命打她。她实在受不了，离家出走，可又回来了，在父亲的怀抱中哭了一场。

　　加雄老爹虽然上了年纪，但仍旧贪恋爱情的诱惑。一次在南锡演出，节目单上所称的"时髦的杂技高手"遇到了若尔热特·洛特的眼睛。他们一见钟情。

　　在后来的日子他终于改邪归正。跟许多男人一样，到了人生最后一段男女私情时，他乖乖地很快放弃了先前的生活。

　　他再也没有回身，毫不犹豫地杀死了附在他身上的那头色狼，缩进了家养动物的皮毛之中，在布置精美的居家里，太太们可喜欢抚摸这些宠物啦！

　　他不再去外省演出，要是他觉得在街上会遇到昔日共同放荡的老友，他会换一条人行道去走。他亲自去买东西并亲自下厨房，把自己卖艺的活动集中在美丽城一带，避免回家太晚。

　　一九三〇年七月十八日，阿伊莎·赛义德·本·穆罕默德在莱贝瓦尔街九十一号逝世。一九三一年三月八日，路易和若尔热特的女儿德尼丝·加雄在特农医院降生。

等孩子满月，路易双手抱着摇篮，对艾迪特说："错事虽不严重，但悔悟是有必要的。"耳光和拳头始终没有将父女分离，因为艾迪特心里清楚，父亲以后一定会后悔的。如今出自路易嘴中的这番话让她心里很难过。她明白了，诱惑的行家和自豪的杂耍高手的年代已经一去不复返了。从此之后，他再也不会充满激情地高喊："马上开始了，好看的来啦！"

每次遇到受她父亲引诱的那些姑娘的微笑时，她便会心头一揪，此后，这种感觉将不会再有。路易再怎么看她们也无济于事了。这个男人每次演出一结束便乖乖回家，在他的目光中，她们再也读不到什么了。

这是她父亲冒险结束的日子，也是她与父亲共同命运终结的日子。她离开了他。艾迪特孤独一人。与路易的分离虽然实现了，但日子要一天天过，她得有地方住、有东西吃，总而言之一句话，她得生活下去。当然，还有歌曲，可她必须要有曲目，要找到地方，不能侵占别人的地盘，要找到自己的顾客。

为了救急，她四处寻找，找到了几份传统的活儿，当过服务员、站过柜台，可每次都干不长。歌曲的呼唤越来越强烈。她跟从前一个常跟她调情的小伙子和一个女友成立了三人组，叫"佐齐、佐泽特与佐祖"。艾迪特弹着班卓琴，三个人一起歌唱，当然是在马路上。没过多久，三人组很快便分了手。艾迪特刚刚尝到了一点"街头的甜头"，不甘心再回去"站柜台"。她开始了街头歌手的生涯。

有一段时间，她总是在同一个地方，在美丽城街头卖唱。有一次，她遇到了路易，他胳膊下夹着一根棍子面包。当然，他再也不去酒馆了。

她再也没有唱过当初在父亲杂技场上唱的《我是奶牛》，但对这个人，对她在巴黎卖艺的第一个伙伴，始终还是存有许多爱。

她始终尽自己的本分，不让他缺衣少食，每年给他一笔钱，直到一九四四年一月二十二日他离开这个世界。

可她跟母亲的关系就不一样了，虽然她也帮母亲，但对于当初抛弃她的母亲，她一直都不肯原谅。

等到莉娜或者安妮塔又回到女儿的生活中，则是后来的事。

一天，她站在一家音乐厅的海报前，才知道艾迪特已经成了明星……

一九九三年，亦即艾迪特逝世三十年后在法卢瓦出版社出版的一本书中，艾迪特的秘书达妮埃勒·博内尔公开了莉娜·马尔萨写给女儿的部分书信的影印件。信中的文字出自于一个堕落的女人之手，那是一个吸毒的女人，只要能不死，凡是能给予她的，她都牢牢抓住不放。莉娜不知羞耻，一定是又脏又醉，跑遍了专门制造丑闻的小报编辑室，让人们都知道"她女儿，有钱又有名，却抛弃了她可怜的母亲，让她过着悲惨的生活……"

一九四五年二月六日，她死在了街头，后来被安葬在蒂埃的公墓。皮亚芙没有把母亲的遗骨移到拉雪兹神甫墓地的家墓去。如今，皮亚芙就在那里，与她父亲、泰奥·萨拉波和女儿安息在一起。

2. 街头学艺

正如多年后夏洛特·兰普林①在《午夜守门人》中演绎的角色一样,艾迪特身上也有着对施虐者的迷恋。

正因为如此,她经常去探望阿尔维纳。那个训练孩子玩杂耍的人能把扫帚杆儿训练成跳绳,却在她身上白白费了气力。艾迪特大概希望在他身上寻找到缺失的父爱。

她在那里遇到了西蒙娜·贝尔托,与她患难与共的同伴。

西蒙娜小她两岁,绰号叫莫莫娜,母亲是梅尼尔蒙当的看门人。她对皮亚芙立即产生了强烈的认同感,以为找到了亲姐妹。艾迪特毫不犹豫地接受了这从天而降的血缘关系。在那个时代,来自内心的冲动如此罕见,让人无法抗拒。

"莫莫娜是我的妹妹!"她宣称道。

然而,无论西蒙娜在回忆录中怎样努力去重建模糊的家族谱系,这一点却并不能得到肯定。皮亚芙说:"我父亲留下了太多的种,莫莫娜在这个俱乐部里有她的一席之地。"

西蒙娜在温德工厂装配光学配件,艾迪特在一家乳品店做售货员。人们或许混淆了她们的职业,此时或许还没有人发现

---

① 夏洛特·兰普林是英国著名女演员,在英语及法语电影中都有出色表现。拍摄于1974年的《午夜守门人》由意大利导演莉莉安娜·卡瓦尼执导。影片中兰普林扮演的角色露西亚在纳粹集中营中饱受性虐待,劫后余生,嫁给了著名音乐家,随夫访问维也纳时在宾馆偶遇当年的刽子手与施虐者马克斯,此时,这位纳粹前党卫军军官正在宾馆做夜间守门人。相遇后,施虐者与被虐者之间又复燃起情欲,最后一起走向了死亡。——译注

她们的天分。她们要生存，这已经沉重不堪了。

直至有一天，她们穿过牢笼的栅栏，连门都不用推一下，直接来到了马路上。

照着加雄的规矩，艺术家是不该讨钱的。艾迪特也认为，任何好的表演都需要分配好任务。

现在，她有了一个妹妹，事情变得可能了。"表演之后，再付艺术家钱。"皮亚芙解释道，"这可跟妓女完全相反；莫莫娜，我一唱完，你就到听众那儿去。"

在三十年代初期，两个女孩子（皮亚芙十五岁，莫莫娜刚满十三岁）出入于巴黎二十区的各个角落。她们偶尔也会跨越区界，她们走过了一个个街心广场、一座座庭院、一条条街道。

她们落脚在位于奥尔菲拉路一〇五号的未来旅馆，靠近佩尔波尔地铁站。

只要有着白纸黑字，贝尔托大妈对什么可都是来者不拒。艾迪特写道："本人，艾迪特·加雄，居住在奥尔菲拉路一〇五号，宣布无限期雇用西蒙娜·贝尔托为艺术家，提供食宿，每日工资为十五法郎。"几个月间，艾迪特按时将份子钱付给贝尔托大妈，那真是一个活脱脱的老鸨。

她们凭着口袋里剩下的几个子儿，到劣等餐厅里胡乱果腹，就这样开始了职业生涯，孩子们借机喝上一杯，祝父母身体健康。

在舞台上，皮亚芙总是选择街头大众作为主要人物和倾诉的对象，而手风琴是其中必不可少的乐器。

她从未真正结交过街头的霸王，却总是被这个由地痞流氓和受骗的弱者组成的世界所吸引。

她也畏惧这些人，正因为她还要保护莫莫娜。天色一黑，两个人就相互依偎着回旅馆，避开小巷和阴暗的角落。

旧城墙下的强盗，形形色色的小流氓、小偷，靠妓女过活的人都会冷不防跳出来打她们的主意。

他们那批人，为了街头一小块地皮，常常会动刀子。有一天，他们拦住了她们，推搡着这对姐妹："为了几个小钱唱什么歌呀？你们的身体可是能赚大钱的。"

姐妹俩接受了他们的保护，为的是可以继续在街头唱歌，用不着别人跟她们抢饭碗。仅此而已。

说实在的，她们尚且年幼，身材干瘦，还有点儿脏。男人们心里想，与其打她们身体的主意，还不如敲几个钱。为了安全，花的代价也不算大，不过，除了每天给贝尔托大妈的十五个法郎外，这笔保护费艾迪特是必须缴的。旅馆的费用要交，再加上吃的，还要喝点酒好睡着了不做梦，这一来，手里还剩什么钱呢？

凭着东拼西凑的几首曲子，艾迪特卖唱，莫莫娜收钱。

干这一行的，她不是唯一的一个。那时候广播还没有深入家庭，闲逛的人只有在路边上才能听得到音乐厅的曲子，小钱被裹在报纸里，从窗户里扔出。竞争激烈，街头最好的角落被争抢，当叉杆儿插手时，往往为时已晚。

艾迪特唱樊尚·斯科托[①]的《流浪少女》，唱路易·贝奈什和埃内斯特·杜蒙的《中国夜》，这些词曲作者那时还没有崭露

---

① 樊尚·斯科托（1874－1952），法国歌手、著名作曲家，创作领域包括流行音乐、轻歌剧及电影插曲等，毕生创作歌曲达四千余首。——译注

头角，是街头歌手让世人更熟悉了他们。

一边要缴保护费，另一边还要交份子钱，看一场电影已是奢侈。艾迪特在昏暗的放映厅里被身着长裙、脚蹬高跟鞋的明星迷住了。她紧紧拉住西蒙娜的胳膊："有一天，你瞧着吧，我们比她们穿得还要好。"此后，姐妹俩就有了自己的方向标，积累了经验，也有了老主顾。

表演由莫莫娜的插科打诨开场，以招徕路人。艾迪特唱《驶过的小船》，催人泪下，接着，《美丽的圣诞树》又拉回了不那么坚定的歌迷。表演到这个当口，应当遵从路易·茹韦①的方法，那就是趁热打铁，吸引住观众。而《塔蒂亚娜》和《海军的小伙儿》是最合适不过的曲子。压轴的自然是《马赛曲》和《国际歌》。但愿谁也不会离开！她们好伸出帽子接赏钱……

有一天，西蒙娜雄心勃勃地说："该到听钞票'刷刷'响的时候了，几个零子儿的'叮当'声可不够！在这里不成，得到香榭丽舍大街去，那里的酒吧大门对谁都是敞开的!"

艾迪特的头脑可没有发热，还是待在梅尼尔蒙当和美丽城之间好。去香榭丽舍，那可是穿越原始森林啊?!

两个人各执一词，接着就去小酒馆跟老相识喝酒。她们喝多了，老相识陪她们回旅店，坚持要跟她们上去。艾迪特让步了；而莫莫娜，等她长大点再说吧！

艾迪特拒绝去其他街区是为了她的初恋。他叫路易·杜邦，绰号"小路易。"是个建筑工人。她觉得他很英俊。

---

① 路易·茹韦（1887－1951），法国著名导演、戏剧及电影表演艺术家。——译注

他来自罗曼维尔，那儿的姑娘们一夜之间就会失身。姐妹俩已经遭遇过太多的混混，听够了他们哄骗的笑声和山盟海誓的谎言，如今遇到的路易让她们感到诧异。

艾迪特望着他，仿佛他是从《圣经》中走出来的虔诚的圣人。

路易把挣到的钱每星期都交给母亲，那时候他住在母亲家里。真让人感动啊！姐妹俩把路易带到了未来旅馆，像是护着一只落巢的小鸟。

可惜呀，这个保护人很快就以"小丈夫"自居了。

他马上划定了自己和这对街头姐妹的活动范围。

香榭丽舍。为什么不去美洲？在无权嫉妒之前，他就已经妒火中烧了。夜里独享的女人，白天却要被这么多的陌生人观看，他可受不了。

艾迪特每次迎着听她唱歌的陌生人的目光时，也总会碰上旷工来监视她的小路易的眼睛。

起先，她觉得好笑，这个男人对她的关注甚至让她有满足感。但这情形继续下去就让她冒火了，她再也忍受不了。

当他得知她一天赚的比他一个星期挣的还多时，他说："我是你男人，不是你的叉杆儿。"她反唇相讥："你要能罩着我，当个叉杆儿也无妨！"

狂热的爱很快变成吵闹不休。他指责她结交滥友，四处游荡，生活堕落。艾迪特除了自己认定的路之外，对别人的指手画脚一概不理。

"去找个正经活儿！"他不由分说。

"我唱歌，这就是正经活儿。"她反驳道。

他第一次打了她耳光，接下来，这成了家常便饭。艾迪特通过打击他的自尊来报复，用背叛来清除身体的淤青，麻痹自己。

在十七岁那年，艾迪特发现自己怀孕了。只要宽大的衣服还能遮掩住隆起的腹部，她就一直在街头卖唱，而小路易则因为长期旷工丢了饭碗。

他后来当了搬运工，责备艾迪特让他丢了当初选择的职业。

莫莫娜再也忍受不了三个人的生活，离开了他们。"这才好呢，"未来的爸爸说，"一个家嘛，本来就只有父亲、母亲和孩子，不该有外人。"

艾迪特最终接受了这种家庭观念，她从小就没有家的概念，这完全是她想象中家的模样。她接受了一份手工作坊的活计，一天干十个小时的活儿，做珍珠头冠。看到这个瘦弱的小姑娘，挺着个大肚子，早早就要当妈妈，人们不禁心生怜悯。

二月十一日，艾迪特·加雄在特农医院生下了玛塞勒，孩子马上有了小名叫塞塞儿。

小夫妻你看着我、我看着你，他们想把孩子的降生当做人生的一件喜事。艾迪特梦想着更为温馨、更为和谐的生活，梦想着孩子围绕在她裙下，梦想着有一套真正的公寓，屋里飘着晚餐的香味。

这就是她天真的一面，然而彩虹最终会变成散沙。

路易认了孩子，但没有提出成婚。他们住到了杜邦大娘家。为这个街头的种子打开大门，杜邦大娘一百个不情愿。

"只是暂时落个脚，"路易说，"等我们在郊区找到住处就走。"说是临时，可是一直拖了下去。祖母打心眼里不喜欢这个小孙女。

小路易做搬运工挣的钱只能应付三个人的日常花销。他忍住傲气，只得同意让艾迪特重新唱歌。莫莫娜回来了！

这是自然的！在上世纪三十年代初期的演出中，她是不可或缺的搭档。从此，在幕后及在舞台的阴影中，西蒙娜始终在那里，在皮亚芙的耳旁说东道西。

"莫莫娜是我一生中最长久的朋友。"她宣称。不久之后，第一个发现皮亚芙天赋的路易·勒普莱不无刻毒地评论道："西蒙娜自以为也是个角儿，殊不知引座员连她姓什么都不知道！实际上，她不是当歌星的料，没有台风，没有好嗓音，更没有天赋！"

这都不重要，莫莫娜的身影在皮亚芙的生活中随处可见，皮亚芙从未能够独自生活。

或许西蒙娜注定无法走红，然而她却见识了通往成功道路上的所有坎坷。

路易一次又一次地飞来巴掌，因为他对自己越来越没自信，更是越来越信不过艾迪特。

西蒙娜恨他，这他知道，因为他打艾迪特。他不喜欢她们之间的窃窃私语，只要他一出现，两人就立即噤声，他无法忍受他无法分享的东西。夜深了，她们在哪里？他已经回了家，他等着。

妒火折磨着他，肉体之欢也日渐稀少。直至有一天，当艾迪特决定带着孩子离开时，他甚至都没动气，反而觉得得到了解脱。他或许也想成为能让人依靠的大丈夫，可是却没有一身本事。

艾迪特在年老的杂技演员阿尔维纳那里寻到了些许慰藉。阿尔维纳已经跟一个歌女同居，过得很幸福。为了艾迪特，他跟那女人断了关系，并为安排艾迪特在首都兵营的系列演出而四处奔波。打开大门，一见到艾迪特和婴儿，他的心便被攫住了：他们开始了三人生活。

一九三三年十二月九日，在万塞讷要塞的军营里，艾迪特开始了她首次巡演的第一场演出。巡演一直持续到一九三四年的四月。

她熟悉了所有布置成礼堂的士兵食堂——军事学院、杜布雷兵营、驻扎在勒利拉门的第二十一殖民步兵团的士兵食堂。

在那里，她遇到了一个当兵的，她把他叫做"我的外籍军团士兵"。实际上，他只是个普通步兵。

军营巡演一结束，西蒙娜就回来了，其实，她从未真正离开这一带，也从未真正远离艾迪特。两个人在月光旅馆落了脚。旅馆位于艺术胡同，后来这地方成了安德烈·安托万路，紧靠克利希大道。艾迪特在那段时间里一直在寻找合适的艺名，她给自己取名叫塔尼亚、德尼丝·杰伊或艾迪特小姐。

如果说美丽城鲜有人涉足的话，毕加尔在那时候可是个寻欢作乐的好地方。那是老鸨、浪荡汉子、算命的和风尘女子的天地。

艾迪特后来讲述，在这个新地方，她爱上了一个无赖，这家伙竟想让她上街拉客。这段语焉不详的往事也许就是皮亚芙传奇中最真实的一段。皮亚芙成了新雅典酒吧的常客，这家酒吧因为卖淫而多次被关。在这里，她只可能遇到拉皮条的艺术家。

艾迪特意志坚决，打消了她的情人阿尔伯的妄想。

她拒绝卖身，继续唱歌，不过，把挣到的钱交一部分给她的新保护人。"我喜欢他，把赚得的钱给他一些，这太正常了。阿尔伯是我的男人，跟他在一起，我没有什么不开心的。"

她找到了莫莫娜，莫莫娜在小丘广场找到了一份歌舞表演的活儿。那间酒吧叫瑞昂莱潘①，营造的是南方的欢快气息，主要接待前来放荡一把的过路人，让顾客了却思乡病，寻得开心，享享乐子。

老板娘绰号"高个露露"。她读遍了柯莱特和威利②的小说，也想做个开新风的女性③。实际上，她却为人刻薄，锱铢必较。艾迪特化装成小水手唱歌，莫莫娜扮成山鲁佐德④。扯下最后一张帆，唱完最后一首歌，她们还得陪游客喝上几杯。

阿尔伯在演出结束时来接他的人。人们可不能碰了他的摇钱树。

麻烦的是，没有人愿意照顾塞塞儿。孩子从一个人手里推到另一个人手里。晚上，外婆梅纳的方子在婴儿的奶嘴里又奏了效，大人让孩子在酒吧的衣帽间里，在大衣、帽子和围巾堆里昏睡。而月光旅店跟酒吧并无两样，同样吵闹，同样烟雾缭

① 法国城镇，位于南方的滨海阿尔卑斯省。——译注
② 柯莱特（1873－1954），法国女演员，法国20世纪最为重要的女作家之一，其作品主要描写情感问题，表现出强烈的女性意识。威利是柯莱特的第一任丈夫，发现了少女时期柯莱特的写作天赋，敦促其写作，并在其早期作品"克劳婷"系列上署上自己的名字发表。从1903年起，柯莱特作品以"柯莱特·威利"共同署名发表，在其与威利离婚后，作家在一段时间内仍以"柯莱特·威利"联合署名发表小说。——译注
③ 特指法国从1919年一战结束至1929年经济及社会危机伊始这段时间内女性服装史上的巨变浪潮。女性为寻求解放，追求两性平等，从着装上解放自我，其代表人物有可可·夏奈尔、作家柯莱特等。——译注
④ 《一千零一夜》中萨桑王国王后，为拯救无辜少女，夜夜为残暴的国王讲故事，最终感化国王，与其白头偕老。——译注

绕……这情形有点像皮亚芙曾经和她母亲一起度过的日子，而她曾发誓再也不要让往事重现。

塞塞儿病了。旅店的老板娘同意照顾她："就一天，多一天都不行！"

小路易不知从哪里得了消息，跑过来要带走女儿。艾迪特哭了，可这样难道不更好吗？和杜邦这家人一起，她好歹还有个家。不久之后，路易慌慌张张地来找她。孩子被送进了儿童医院。一九三五年七月七日，两岁的玛塞勒·杜邦夭折了，死于脑膜炎。有人说，艾迪特因为支付不起女儿的丧葬费而去卖身。

这重要吗？肉体的不洁很快就会被洗濯，而灵魂又会怎样？心灵之痛是如此的不同。她心灵的刺痛永远也消除不了。

世人都为爱情所吸引，尤其是那些没有经历过爱的人，然而，失去孩子却只能怜自哀痛。

有过丧子之痛的人都知道这痛苦是怎样的让人难以摆脱。皮亚芙不是圣人，她是一个饱受痛苦的女人，这无人质疑。二十岁上就心如死灰，与此相比，那喝彩声又算得了什么？

她借着酒精和男人的怀抱来寻找迷宫的出口。悲怆感人的，与其说是她吟唱的诗人，不如说是她自己。

她用于盖特·伊莱亚斯的艺名在漩涡酒吧演出，接着又回到了路边，回到了冬日的阳光中。

唱歌、酗酒、莫莫娜和忧伤。

日复一日。

3. 所有的爸爸都叫路易

艾迪特和莫莫娜重拾流浪生活。毕加尔、蒙马尔特高地、小丘广场是她们的领地。

那里的听众跟美丽城的不一样，是由"过路的路人"（就像雅克·普莱维尔①所写的那样）和长驻的外地人构成。在那里，会跟艺术家、圣心教堂一带的风俗画家、留长发的诗人擦肩而过，也能遇上看了小报前来猎艳的外省人，还有外国人，他们听人说中央菜市场是巴黎的腹地，而毕加尔是这座城市的私处！

这一带的氛围是轻佻的。管它什么昙花一现。街上遇到的人，不可能再遇到第二次。他们也不会输给街头两边的风景，一个个都笑嘻嘻的，懒散地闲逛，跟在劳工街区碰到的人完全是两个模样。

男人们的乐子最终结束在小酒馆，那时候，小酒馆还都点着煤气灯。在酒馆里可以碰上其他男人，昨天还素昧平生，今儿就在一起痛饮，喝毕尔酒，喝苏兹酒，喝"好看又美味的杜博内酒"②……

后来，随着二战的到来，威士忌胜过了德意志国防军，占

---

① 雅克·普莱维尔（1900－1977），法国诗人，歌曲词作家和剧作家。"过路的路人"是雅克·普莱维尔1952年所写的《相爱的孩子》中的一句，由约瑟夫·科索玛谱曲，吉尔曼尼·蒙特罗演唱。该首歌后来又被多名歌手演绎。——译注

② 杜博内牌开胃酒在20世纪30年代打出了"Dubo, Dubon, Dubonnet"的广告招贴，这一广告词后来成了法国人耳熟能详的口号，使该品牌大获成功。——译注

领法国的时间更为长久。

艾迪特和莫莫娜很快就融入了这个新的世界。除了"高个露露"每晚给她们一点儿小钱之外，每天下午在游客面前表演也有进账，这些游客比起美丽城的小市民要慷慨得多。这样一来，她们的生活好过多了。

从前的破衣烂衫在过去的街区并不刺眼，如今，她们脱去旧衣，做素装艺术家打扮。

两个人都不爱缀满亮片的衣服，此后，就以黑衣亮相。"黑色，既显得高贵又显得干净利落。"皮亚芙曾说过。

这是个具有决定性的判断。日后，当"小家伙"成了皮亚芙，她至多在她那纯黑的、一尘不染的、高贵非凡的连身裙上缀上丝结，或在领口添上花边！再走几步就到香榭丽舍了。莫莫娜总是拿这个来诱骗她。

艾迪特觉得去香榭丽舍路途太远，可她也承认，从那儿回来时，兜里装满了一折为四的零钞，这让她觉得自己很了不起。

"哎，"莫莫娜说，"我们口里念叨的白马王子般的经纪人，在有钱人的地盘上才可能遇到哦！"

这一幕的确发生了，那是一九三五年十月的一个下午，就在特鲁瓦永路和马克-马翁大道交汇的拐角。他出现时没有身骑白马，身着华衣，但穿得也是体面优雅。他头发花白，走路微跛，那是战争的遗赠，反而为他平添了几分气度。

他听了艾迪特所有的歌，甚至包括《马赛曲》，当其他听众扔出小钱时，他往艺术家手里塞了一张她从未见过的大钞。

"为什么在路边卖唱?"

艾迪特吓了一跳。这个年老的美男子想对她做什么?

"凭你的嗓音,夜总会更加适合。"不,男人们一般可不是这样跟她搭讪的呀,表演结束了。

艾迪特说:"我也在夜总会唱歌。"

"噢,是吗,哪一间?"

"瑞昂莱潘,在蒙马尔特。"

"我认识露露,"他说,"那可是个难缠的女人。我建议你去我的夜总会试试,叫'热尔尼之家',在皮埃尔-沙朗路二十五号,你会喜欢上它的与众不同。我叫路易·勒普莱,是波林[①]的侄子。你如果有空,请于明天下午四点光临。"

艾迪特不知道波林是何许人。因为,表演大兵喜剧的歌手不是她太喜欢的。

关于艾迪特与勒普莱的见面还有另一个版本,这个版本可并非如此传奇:有个年轻人,叫奥舍科尔纳,是女歌手吉尔贝特·吉尔贝的儿子,他可能跟母亲提起过艾迪特天赋出众,或许是她建议艾迪特以自己的名义联系勒普莱。

"在热尔尼之家的试唱是个圈套。"歌手弗雷埃尔劝她打消念头,这位她在酒吧结交的女友在两次世界大战期间名声大振,"他们会说你嗓子好,雇了你,在那个地下妓院里,你只会变得又聋又哑!"

那是出于嫉妒,艾迪特想。她决定赴约进行第一次试唱。

---

① 波林是法国著名咖啡厅歌手,以擅长表演20世纪初流行的大兵喜剧而著称。——译注

到这里，不同的传记作者又给出了两个版本。皮亚芙在下午三点之前是醒不来的，等她到了热尔尼之家已是下午五点。勒普莱对她说："现在就开始迟到，等你出了名，不知会怎么样……"这段小插曲在记载皮亚芙轶事的唱片《曾经有过的声音》（EMI 唱片公司）中得到了证实。在唱片中，艾迪特讲述了她跟夜总会老板的第一次谈话。

另外一种可能性被众多著作所提及：艾迪特提前一个小时就到了，可见她是多么的心急！

有一点是肯定的，就是她在钢琴家让·乌赫姆的伴奏下完成了试唱：阿里斯蒂德·布吕昂的《坏女人妮妮》、乔治·维拉尔和乔治·克里耶的《棕色华尔兹》以及由樊尚·斯科托谱曲的《流浪少女》，这些都是她在街头演唱的保留曲目，歌中描述了当时社会的种种艰辛。

勒普莱为这个小姑娘的嗓音而感动和震撼，她的肩上似乎承载着无限的悲痛。

"怎么样？"艾迪特问。

"咱们有活儿干了：首先，你的艺名没有任何意义，于盖特·伊莱亚斯·塔尼亚，统统都没意义。你是一只从巢中跌落的小鸟，为了生存，不得不歌唱。你就叫'小麻雀'（môme Piaf）① 吧，因为'麻雀小妞'（môme Moineau）已经有人叫了。"

不管是"小麻雀"还是"麻雀小妞"，叫什么并不重要，

---

① 法语俗语中 piaf 一词意为"麻雀"，后成为艾迪特的艺名，音译"皮亚芙"，后文均采用此名的音译。法文中 moineau 一词也是"麻雀"之意。皮亚芙的歌迷也称歌唱家为"小家伙"（La Môme）。——译注

她心想，她就要在一个真正的夜总会里唱歌了。弗雷埃尔尽管出了名，对皮亚芙的好运气也很是妒忌，她曾认为皮亚芙是一个没有前途的歌手，说："勒普莱是个搞鸡奸的，我可怜的艾迪特，有人甚至说他穿高跟鞋和丝绸长袜。想想吧，你还年轻，他那个地方是个放荡和厮混的窝儿！"

艾迪特调侃道："他要是搞鸡奸，那才好呢！比起叉杆儿，这些人对待女人可要好得多。"勒普莱为人和善，也的确是个同性恋。在经营热尔尼之家之前，他在布朗谢广场的自由酒吧里表演，跟他搭档的是一个叫波贝特的家伙，小腿上长满了浓密的汗毛。露骨的表演让人们对他的性取向无需多疑。在毕加尔圈内的酒吧里，无人不知勒普莱，也都知道他爱跟那些姓名不详的大兵搭讪，跟他们一夜销魂。

这位拥有热尔尼之家的贵人和他的新雇员一样，都曾混迹在酒吧昏暗晦涩的灯光中。与让人看到的相比，他实际上与艾迪特的关系要更亲近。两个人毫无困难就能彼此理解。

勒普莱想把皮亚芙打造成一个与时代潮流截然不同的人物，那时候走红的是矫揉造作、卖弄风情的女歌手。而她，则是脆弱的、哀婉的、长在街边的花朵，但声音却令人为之颤抖。

"你从下周五开始，只有四天的时间作准备。"

艾迪特尽管性情倔强，对勒普莱的要求却总是乖乖地一一服从。她一遍又一遍地练习原已烂熟于心的歌曲，他正是想让这些歌来突显她的与众不同。

谈到唱歌，艾迪特没有什么不乐意的。当他要求她在黑裙子外面罩上一件毛衣时，情况就不同了。还得做编织活儿。四天就要赶织出一件毛衣来，时间可真够紧的。

她赶织着毛衣，一边练唱，一边抱怨。不容易啊！直到最后一刻，大伙儿还都指望着那件毛衣。可是，就在十月二十四日夜总会大厅座无虚席、名人汇集的时候——其中有飞行员让·梅尔莫兹，还未成为作家的约瑟夫·凯塞尔、菲利普·埃里亚、让·特朗尚、和妻子伊冯娜·瓦莱同来的莫里斯·舍瓦利耶，所有的宾客都应勒普莱的邀请，前来观看他推出的新人的表演——就在舞台上所有的灯光亮起的时候，毛衣还缺一个袖子！

　　勒普莱示意要牺牲他的长围巾，以遮住她裸露的肩膀，然而伊冯娜·瓦莱打住了他："我想，我的紫色的丝绸披肩会更漂亮些。"有人曾断言，此后，艾迪特一直对这个颜色情有独钟，甚至到了迷恋成癖的地步。

　　艾迪特向舞台走去，双手贴在髋部，那是她在日后无数次演出中最常见的姿态。路易·勒普莱向观众介绍她，说她是他刚刚发掘出来的街头歌手，不懂得任何舞台艺术，说这是她第一次面对真正的观众。此后，一直到她唱完所有的歌为止，观众都悄然无声。那无声的沉默仿佛没有休止，她常常会回忆起这无声的沉默，回忆起仿佛一切都凝结了的一刻，就像在等待第一次击打落下，或是希冀第一个亲吻。

　　"交头接耳声慢慢变小，"她讲述道，"说话声慢慢消失了，接着纸张、衣服的沙沙声，以及双腿并拢又分开的摩擦声、座椅的吱嘎声也渐渐隐去……就这样，寂静扼杀了声音，仿佛是一桩完美的罪行，躯体上只有眼睛还活着。"

　　人们仔细打量她，仿佛她是来自别处的生物，是沥青马路上的麻雀，是一只亲近人的小鸟。人们盯着她，琢磨着她是怎样飞到这里来的！她的声音高昂、有力，时而刺耳、时而温柔。

在这弱小的身体里，为何能容纳如此巨大的能量？她一动不动，双臂贴紧身体，什么都不能让她分心。

艾迪特唱着，就像是第一次也是最后一次登台，仿佛歌声一落，她就会被燃烧殆尽，如同被火焰吞噬的青铜雕塑。最后，掌声雷动，莫里斯·舍瓦利耶赞叹道："这个小家伙啊，她的歌声是发自肺腑的?!"

路易在幕后笑了。他还没在赌桌上下注，就已经赚了个满盈。

艾迪特抬起胳膊向观众致谢，披肩滑落，人们注意到毛衣只有一个袖子。有人笑了，笑声立即被掌声淹没。在大厅的尽头，莫莫娜哭了。

皮亚芙，如此弱小，刚刚赢得了在巴黎的第一场战斗，一个如此强大的巴黎。

热尔尼之家不是真正的音乐厅，确切地说是酒吧餐厅。皮亚芙只在少数观众面前表演，最多有二十五人，却都是些上流社会的人物，他们能让人出名，也能毁人前程。在这些人面前唱歌，是通向成功道路的考验。

过不了多久，衣着光鲜的人们又回来听她唱歌，同时又带来了其他衣着光鲜的人物。

一天，梅尔莫兹邀请艾迪特到他的桌边就座，请她喝香槟，送她鲜花。他称她为"小姐"，这令她脸红。他跟她讲些不着边际的好话，说她像个天使，逗得她直笑。他们并头私语了许久，以至于莫莫娜也来寻开心，叫她"梅尔莫兹夫人"。

双腿修长、尖牙利齿的米丝廷盖特[①]也几次前来喝彩，每次

① 米丝廷盖特（1875 – 1956），法国女歌手让娜·布儒瓦的艺名，被称为当时的音乐厅女王。——译注

都由不同的男伴陪同，他们一色的年轻英俊。

台下总是呼喊再来一首，再来一首……

观看了首场演出的马塞尔·布洛伊施泰因-布朗谢，曾跟当时在城市音乐频道担任"周日陌生人"节目制作人的雅克·坎内蒂①兴奋地谈起她。

在勒普莱夜总会首次登台后四天，皮亚芙做了她生平第一个无线电广播节目，她一副初出茅庐的样子，漫不经心，无知无畏，没有作任何准备。她问道："现在咱们干点什么呢?"

更传奇的是，雅克·坎内蒂也从未否认这一点：皮亚芙没带钢琴伴奏师就来了，是他本人弹的伴奏。

"赞美的电话如潮水般袭来，把总机都打爆了，它们不是冲我来的，"坎内蒂说道，"都是冲她来的。"

她在这个周日节目里做了整整十九周的嘉宾。

艾迪特本来只被雇用一个星期，却在热尔尼之家以每晚五十法郎的出场费连续唱了七个月。她把路易·勒普莱叫做爸爸，成了他的红人儿。他们很快就视彼此为分离许久的亲人!

他，是做派讲究的有钱人，而她则是浪迹街头的少女，两个人都深受灯光的吸引，哪怕飞蝶扑火，羽翼折断。他们同样喜欢流连于酒吧，在那里，正如海明威所说的那样，"灵魂栖居在酒杯深处"；在那里，骑兵鲜红色的披风令他们骚动不已。

她常去离夜总会不远的美饰酒吧跟他见面，他在那里慷慨

---

① 雅克·坎内蒂（1909–1997），法国著名音乐制作人，曾发掘多名歌手，帮助他们走向成功，其中有艾迪特·皮亚芙、夏尔·特雷内、乔治·布拉森等。——译注

会客，也同样招来了冲着她和他而来的流氓无赖。

不过，与弗雷埃尔的恶意中伤恰恰相反，勒普莱并不是个单纯的酒色之徒，他跟艺术家、诗人、作家们结交甚密，其中有雅克·布尔雅，此人向艾迪特大大地显示了其渊博的学识。

布尔雅让艾迪特结识了一批作家，比如马克斯·雅各布、罗贝尔·德斯诺斯、让·科克多等人，让·科克多后来成为她的亲密友人，两人甚至在同一天奔赴另一个世界。

贝尔奈的小学生把书视做折射真理的明镜，又重新打开了书本。

比她年长三十岁的雅克·布尔雅原本是有轨电车的电工，后来经过自身的努力成了诗人、作家、杂志主编和歌曲作者。

布尔雅和艾迪特之间结成了一种柏拉图式的友谊，这一友谊一直延续到艾迪特离世。她给他写的信多过了写给未来所有丈夫的信，而他为她创作了《衣服之歌》——这首歌是从收破烂的吆喝调子中得到的灵感。收破烂的人开着破旧的车子，在街上大声吆喝："收衣服了，破布烂铁全收了！"——她在一九三六年录制了这首曲子。

这种关系，跟她和科克多的关系一样，最为长久。或许她跟爸爸路易的情谊也能长长久久，然而，命运却让这辆双驾马车的车轴停止了运转。

一九三五年，艾迪特二十岁，成名的步伐看起来会越来越快。

热尔尼之家是个巨大的跳板。记者、音乐圈的名人看过她的演出后，都明白一个新星已经出现在音乐界的苍穹。

"一个生活在自己歌曲中的歌手"，《小巴黎人报》登出了这样的标题。

还有其他评论，比如皮埃尔·德·雷尼耶在《战斗报》上撰文写道："那个叫做小麻雀的姑娘的绝望的声音能掏空您的心。"

继在"周日陌生人"节目做客之后，她顺理成章地与当时位于巴黎十八区火车站大道的宝丽金唱片公司签了约。同样顺理成章的还有，偶然为她伴奏的雅克·坎内蒂成为她第一个艺术指导。

在首次录制的四首歌中，当然，有她最早的成名曲《流浪少女》，有玛格丽特·莫诺作曲的《陌生人》，莫诺将成为为她谱曲最多、对她最为忠诚的作曲家，还有《开胃酒》及《塞齐格的爪哇舞曲》。

连电影界也明白她可以派上用场，邀请她在让·德·利姆尔指导的《假小子》一片中与玛丽·贝尔和阿列蒂共同演出。她在片中唱了《仍然》这首歌，歌词颇有波德莱尔的文风：

> 我知道，在毒品中，渐渐地，
>
> 我痴醉神迷，
>
> 无法自拔……

现如今，这样的曲子想来很难有音乐人愿意出版。

过去的时代啊！

4. 没有勒普莱的热尔尼之家

路易曾说过："别听莫莫娜的，要更新你的曲目。"

他一直不喜欢西蒙娜，明白对苦难的记忆是难以消除的。自从艾迪特来到富人区后，莫莫娜的陪伴更是难以分离。不过，路易认为这个时代已经过去了。

"莫莫娜在拖你的后腿，"他对艾迪特说，"以后，你应该自己往前走了。你是我的红角儿，请拿出明星的派头！"

一天晚上，他把她关在办公室里，不让她跟所谓的妹妹一起出去胡闹。她使劲敲门，最后，洛尔·雅尔尼，当时夜总会的艺术总监，不得不放她出门。

又有一晚，莫莫娜挽着一个叉杆儿的胳膊来到了热尔尼之家，此人叫安德烈，曾占过艾迪特的便宜，那时她在街头卖唱需要保护。夜总会沉闷的氛围很快让安德烈恼火起来。没有人注意他，更糟的是，珠光宝气的女人们都不理睬他。于是，他大声叫嚷，砸碎了几个玻璃杯。当夜总会的红角儿出现在聚光灯下时，他大叫道："瞧，这小妞我认识，她可是我的小心肝儿！"（见：《西蒙娜·贝尔托讲述皮亚芙》，"叮当咚"节目，一九六九年）

结果，他被保安扔到了外面，他威胁说要报复夜总会和夜总会的老板。

悲剧发生后，警察传讯了安德烈，他和皮亚芙的关系也被触及。

　　勒普莱教训西蒙娜。西蒙娜保证："这样的事情不会再发生。"可勒普莱还是不依不饶，她也不让："如果你认为凭着你给我姐姐的五十个子儿就能让我们过上好日子的话……"

　　"什么意思？"他质问道。

　　"意思就是，我们要上街去混，总得有人保护我们！"

　　勒普莱气得脸色发白。艾迪特发了誓。莫莫娜被逐出了天堂。他一锤定音："此后，爪哇舞曲只属于我们两个！"这一吵之后，他算是太平了，不过得到的只是心安，别无其他。

　　艾迪特终于开始工作了，然而总是从下午很晚才开始。往后，她得围着音乐制作人打转，以求得新歌。尽管有着独一无二的嗓音，她却不能总是很好地跟着她听到的调子唱。她也无法设想，有一天这些词曲作者将成为她位于拉纳大道公寓的座上客，专门为她写歌。

　　艾迪特·皮亚芙属于那类靠机会取胜的现实主义的传统歌手，她只歌唱她最了解的人生：底层社会的人间百态。歌曲中那些忧伤的爱情故事，在回环的旋律中讲述女孩跟士兵或水手的无望的爱，姑娘在清晨发觉被抛弃在肮脏的旅馆，一边哭泣一边抽着"蓝色高卢人"牌香烟。

　　此类的歌曲中也有出名的，比如夏尔·波蒂埃谱曲、由贝尔特·席尔瓦演唱的《白玫瑰》，卖花的人至今还记忆犹新！现实主义的歌曲神化了不幸、悲剧、苦难和其他的七彩人生，把它们变成了传说。

　　这些晦涩难懂、漫画式的抒情曲中也有几首好歌，比如科拉·沃凯尔写的《我的情人在哪里》、达尔布雷写的《时针停止》、戴德科写的《修补瓷器的人》。这些歌彰显了演绎它们的歌手的天赋。

曾助乔治·盖塔里早期成名的手风琴演奏家弗勒多·加尔多尼也对皮亚芙打开了门。不过，由于那时她还没什么名气，这扇大门还没有完全敞开。

音乐制作人都把最好的歌留给当时的明星。比起崭露头角的新人，这些商人更偏爱像米丝廷盖特、吕西安娜·布瓦耶、利斯·戈蒂、弗雷埃尔、贝尔特·席尔瓦、玛丽·迪巴这样的聚光灯下的明星。

当初，那些美丽的歌曲，皮亚芙在候见厅等待时听得是那么入耳。然而，一旦她也出了名，这些歌对她而言就旋律不再了。于是，她开始希冀罗贝尔·马勒隆和罗贝尔·尤尔专门为当时走红的安妮特·拉容所写的《陌生人》。她对《陌生人》一见钟情，没有人可以抗拒皮亚芙的一见钟情！

恰巧，拉容小姐记不住曲子，而艾迪特拥有对于乐曲超群的记忆力。于是，不费周折，《陌生人》这首歌唱响在了勒普莱的夜总会的舞台上。

不久之后，安妮特·拉容来到热尔尼之家，发现《陌生人》已并非独属自己所有！艾迪特走下舞台，为借用这首歌而道歉，她其实是想让拉容明白："好歌属于歌唱的人，属于会唱的人。"

在莫莫娜那部言过其实的传记中，这一段也被谈及，说她们耳光相加。大家尽可以选择自己喜欢的版本。

勒普莱建议艾迪特去见雷蒙·阿索，此人为她写了《我的殖民军情人》，曲风类似于《外籍军团的信号旗》和《我的外籍军团士兵》。

一九三六年二月十七日，艾迪特参加了为纪念著名马戏丑角安托内而举办的盛大演出。演出在梅德拉诺剧场举行，同台演出的有著名艺人莫里斯·舍瓦利耶、费南代尔、让·迦本、蒂诺·罗西、玛丽·迪巴和米歇尔·西蒙等。能够出现在这些明星的左右令她欣喜若狂，她第一次由大型乐队伴奏，为如潮的观众献歌。

热尔尼之家每个晚上都因爆满而将顾客拦在门外。当她跟爸爸路易在美饰酒吧相聚时，餐桌上总会有新的计划等着她。

一九三六年四月五日，她跟路易告别，允诺会早点睡觉，并且次日一定会准时赴普莱埃尔音乐厅录音。

她跟路易说："你也别拖得太晚。"

"我能管住自己。"他回答道。两个人谁也骗不了谁。

当艾迪特于凌晨回家时，她想起几天前他对她说的知心话：

"艾迪特，我梦到了我母亲。她叫我早一点儿去她那儿。——你放心，离开我们的人是活在永恒里的；对他们而言，'早一点儿'可就意味着二十年以后呢！"他们哈哈大笑。她没再想过这个梦，可是，这个清晨，在回家的路上，她有些不安。

她找到了电话亭，拨了他的号码。他应该还没睡。他接了电话，语气强硬，不容分辩，仿佛在生她的气：

"马上回来。"

她将路易的预感忘在了脑后，以为他在教训她，接着放下心来。"我在他家睡上几个小时就有足够的精力去普莱埃尔了。"

当出租车到达军队大街八十三号时，天色已亮。这幢大楼由方石砌成，大厅里有很多人。

这些人中间大概有邻居，也有警察，不知是谁通知了记者，他们的闪光灯已经闪了起来。七楼公寓的门大开着，洛尔·雅尔尼坐在扶手椅里，泪流满面。

勒普莱被谋杀了。

这桩凶杀案因为勒普莱的滥交而成了谜。

所有人都有罪，所有人都是无辜的。皮亚芙被拘留了，她因为过去的经历而被起诉。不久之后，她被释放。那个晚上，看到她的人很多。媒体没有放过她，这给她正在鹊起的声誉投上了一层阴影。

《巴黎晚报》的乔治·德维茨写道："她本应该摆脱这桩轰动的丑闻，然而，老板悲剧性的身亡却让她获益。"

莫莫娜也被抓了。无论是她还是莫莫娜，两个人都对路易的特殊倾向只字不提。她们都来自同一个圈子，在那个时代，每一个圈子都有自己的原则。《侦探》周刊四月十六日那一期刊登了洛尔·雅尔尼和艾迪特出席勒普莱葬礼的照片，标题是："勒普莱被同性伴侣抛弃，葬礼上只有女人为伴：皮亚芙和雅尔尼。"

圈子内的那些拉皮条的、吃软饭的，平日都揩惯了勒普莱的油，这时候却不见踪影，没有来跟他们的朋友作最后的告别。

昔日，勒普莱在餐桌上用香槟热情款待的朋友，此时都不再搭理她。只有坎内蒂、布尔雅和一直担任她手风琴伴奏的罗贝尔·尤尔对她还表现出全部的友谊，那时，她已经被称做"巴黎女王"。

既然能够在第一晚征服热尔尼之家的观众，那么，她也有足够的力量来战胜这令人惶惑的幻像。她在美德路的马利尤斯酒吧唱歌，同意在小成本电影里出演配角，并在电影中场休息时唱歌。那个时代，位于奥尔良门的百代影城和雷克斯电影院里都有着这一传统。

从事过这一艰辛行当的，她不是唯独的一个，观众不是为了听歌而来，他们不停地起身上厕所或去买紫雪糕。吉尔贝·贝科、夏尔·阿兹纳伍尔、沙尔皮尼和布兰卡托，甚至包括夏尔·特雷内，都得靠在电影中场表演余兴节目来挣些零花钱。表演插演节目的艺人的名字和电影演员的名字都以粗体字母出现在节目单上。有些歌手正是在电影院中丰富了自己的表演，赢得了没钱购买歌舞剧场门票和夜总会酒水的普通观众。

从四月十日到五月二十八日，她相继在"皇冠"和屈亚斯路的"基普斯"酒吧演出，"皇冠"是位于毕加尔广场的一家异装俱乐部，当时的艺术总监是布鲁诺·科卡特里，老板叫奥黛特。

她于"新歌节"首次在博比诺登台，之后随"新歌"环法巡回演出，同台演出的还有莱达·凯尔、保尔·科利纳、玛丽·迪巴、吕西安娜·布瓦耶等艺人。

她也在奥黛特经营的另一家异装俱乐部"红天使"里唱歌，然而，跟在"皇冠"里一样，她在那里难以出头。

观众来这里，不是为了听日常悲剧的颂歌，而是想在淡漠中忘却那一切。要在会讲"睡觉也能发电"和"面条果酱"等天才笑话的皮埃尔·达克①后面登台真不容易，何况前面还有满身羽毛、身着盛装的年轻女子。她被迫穿上花枝招展的裙子，继续营造节日的氛围，但她的歌曲却与妖艳的气氛不合拍……场子里的人在冷笑、在讽刺，最大胆的甚至还含沙射影地提起

---

① 皮埃尔·达克（1893-1975），法国著名幽默戏剧演员，也是纳粹占领法国期间法国抵抗运动的代表人物。——译注

"那码子事"！

奥黛特雇用皮亚芙，只是为了借勒普莱的谋杀案来做广告。人们来看她，为的是见识传闻中的人，并非为了聆听她的声音。

艾迪特对玛利亚娜·奥斯瓦尔德无比仰慕，现在，曾开启这位艺人演艺事业的费尔南·伦布罗索成了她的经纪人。她在布雷斯特一家影剧院唱歌，这家影剧院已经算不上是影剧院了；她也在一家夜总会表演，而这家夜总会还没成为真正的夜总会。她跟水手们厮混，这些水手一夜就能挥霍光六个月的辛苦钱，因手头一个子儿也没剩无法支付旅馆的房费而不得不再返回甲板。这段时光，有点儿像在军营巡演的时光，她很喜欢。劣质香槟在开瓶时发出"扑哧"声，香烟从一张嘴里传到了另一张嘴里，布列塔尼的笑话被美丽城的行话颠来倒去。

她对正在旅途中的莫莫娜说："我有的是蛋吃。"莫莫娜懂得她说什么，她的意思是说"我好得很！"她或许好得有点过了头，传闻很快传到了伦布罗索耳中，要知道，流言蜚语可比现在的电子邮件跑得还快。伦布罗索让她明白，假如她继续浸在劣酒缸里，跟那帮醉醺醺的家伙胡闹，他将不再罩着她。

她在写讽刺歌曲的罗密欧·卡莱斯的怀抱里老实了一段时间。在这段短暂的邂逅中，罗密欧抽空为她写了一首歌，歌曲名叫《小店铺》，这首歌被长时间保留在她的曲目里。在同一年，她录制了这支曲子及安德烈·萨布隆和莫里斯·奥布雷创作的《在圣旺和克里昂库之间》。

伦布罗索开始认清皮亚芙的脾性，觉得最好还是把她弄得离首都远点儿，巴黎的记者窥视着她，不放过关于她的任何风吹草动。他驱车送她到巴黎火车北站,去布鲁塞尔的火车就是从那里出发的。他对她说:"跟比利时人,你想唱什么就唱什么,可是,我求求你,不要再喝酒,不要再跟陌生人搭讪,也不要再睡到他们的床上。"她诚心诚意地发了誓,真诚是她一贯的美德,可她总是有借口说想念首都了,不得不把自己的忧愁淹没在坏男人的目光中,淹没在他们给她的酒杯中。凡是在不应露面的地方,人们都能见到她,身边陪伴的不是莫莫娜就是别的什么人。

《列日邮报》写道:"皮亚芙是一个有前途的优秀的现实主义歌手,但绝不是浪漫主义艺术家的后裔。"

一天早晨,她给雅克·布尔雅写了一封长信,表露了想让生活重归秩序的强烈意愿,可是眼泪刚流过,信刚寄出,她便将向善的决心忘得干干净净了。

伦布罗索想,比利时离首都还是太近,于是把她的名字从他的艺人名单里划去了。

"她不可调教,"他说,"只有勒普莱才能宽恕她的滥交。"他们结交的是同样的人物。

5. 雷蒙，她的外籍军团士兵

在还没成为莫里斯·舍瓦利耶口里那个"有着铁石心肠，个头最不起眼的人物"时，皮亚芙有自己的偶像，她们的演艺风格跟她自己的表演非常接近。

她最为仰慕的是达米娅（原名玛丽-路易丝·达米安）。达米娅生于一八九二年，是一位伟大的抒情悲剧表演艺术家。她善于运用手臂、肘部、肩膀乃至纤细的手指传达那无与伦比的表演张力，没有人能比得上。她一身黑色紧身长裙，更映衬出白皙的脸庞。她或许是第一个在照明灯光下表演的艺术家，舞台的各个角落像摆放一盆盆天竺葵那样放置了照明灯。她的嗓音如苏格兰古堡般奇特，像迷宫般令人焦虑。她将演出设计成一个仪式，而她则是主持仪式的异教女祭司。她在《阴暗的星期日》中唱出了绝望，在音乐的旋律中唱出了魏尔伦诗句的忧愁。

弗雷埃尔也是皮亚芙钦慕的歌手，皮亚芙曾翻唱过她的成名曲，即莱奥·达尼戴尔作曲的《在里维埃拉的海滩上》。那时候，皮亚芙把她叫做"长春花"，一朵苗壮生长在鸦片枪上的娇弱、纤美的花儿！不久之后，"长春花"丢弃了小药丸，沉溺在了盛满苦艾酒的红色酒杯里，有时，还会和艾迪特一起举杯畅饮。这一毁灭性的转变不是源自口味的变化，而是因为囊中羞涩。波德莱尔的虚幻天堂令罂粟价格攀升，正如魏尔伦的小提琴提高了绿色利口酒的价格一样。酒精最终让"长春花"那美丽的身段和丰腴的臂膀变了形，她成了弗雷埃尔老婆子。一九二五年，她凭着一曲《宛若麻雀》再次走红，这首歌吸引已经名叫艾迪特的皮亚芙……效仿弗雷埃尔，"小家伙"唱了创作于一九二七年的《我忧愁》。

与达米娅和弗雷埃尔相比较，第三位悲剧演员更难归类，但也深得艾迪特的喜爱：玛利亚娜·奥斯瓦尔德原名艾丽丝·布洛赫，一九〇一年生于洛林地区的萨尔格米讷（当时为德国领土）。和前面提到的歌手一样，她以戏剧化的表演艺术而闻名，其演绎风格影响了后世的诸多歌手，比如朱丽叶·格雷科和芭芭拉。

艾迪特，在舞台上从来不晓得该把手放在哪儿——直到科卡特里给她买了一件有口袋的黑色长裙，她十分艳羡这些歌手能将手运用自如，那姿态，她模仿不来，抑或是不愿去模仿。

艾迪特喜欢听玛利亚娜·奥斯瓦尔德唱诵布莱希特和库尔特·魏尔写的歌，她的演唱无人可效仿。在科克多和普莱维尔为她写了《蒙特卡洛的女士》和《寻找孩子》之后，艾迪特对玛利亚娜的歌更加喜爱了。

这几位女艺人是皮亚芙灵感的源泉，除了她们，还得加上一位风格迥异的艺术家，即绰号为"开心女元帅"的玛丽·迪巴。艾迪特十分欣赏她，甚至曾说自己演艺生涯中最重要的事件就是一九三七年在阿尔汉布拉音乐厅观看她登台表演。她承认，每当玛丽演唱弗朗西斯·卡尔科写的《温存小酒馆》时，她都会落泪，可是，在歌唱家的表演曲目中，她没找到能适合自己的歌，直到有一天，雷蒙·阿索写了《我的外籍军团士兵》。这首歌，阿索曾说是皮亚芙给了他灵感，可她一开始却拒绝演唱。

一九三六年，艾迪特有了自己的思考，她把这首歌演绎得令人肝肠寸断，全然不同于迪巴的表演。相比之下，迪巴更像个报幕员，而不像悲情歌手。"现实主义歌曲是袖珍版的悲剧。"科克多这样写道。皮亚芙的天分正在于她能够恰如其分地表现出其中的悲情，不事夸大，不加扭曲。在隧道中，总有微弱的一线之光昭示着希望。当然，她也唱过一些美化现实的歌儿，比如穆斯塔基写的《伊甸园蓝调》。有一天，她的身躯将与绝望融为一体。当她登台时，观众有时会莫名其妙，以为她的躯体里从此只会发出呐喊声。

在艾迪特的周围，昨日的堤坝已成断塌。女儿的夭折，继而勒普莱的离世把她引入了无尽的放浪中。伦布罗索的解约给了她致命一击。她还剩下些什么？莫莫娜，那个引她堕落的恶灵。街头，她也不愿再回去，因为她已经习惯了夜总会的绵绵灯光。

没有人再对她有任何期盼，反之亦然！

"这是命啊！"莫莫娜说。

"是因为我蠢，你也蠢，"艾迪特回答道，"你挡不了我喝酒，只能把我的名字贴在酒吧里头，而不是剧院的墙上！"

莫莫娜耸了耸肩膀，她也是艾迪特的出气筒……

为了度日，她们变卖了衣服以及昨日的纪念品。莫莫娜在贝尔热路的中央菜市场讨生活，那一带是圈内人避之不及的地方，他们对她说："别再卖菜了，别再弄脏了自己的手。"于是，她又站到了街灯下，独自干起了老本行。

一天晚上，在新雅典酒吧里，艾迪特遇到了雷蒙·阿索，阿索曾到热尔尼之家听过她唱歌，而她也曾在音乐出版商那里跟他打过照面。

那时候，这个人物并没有讨得她的欢心。他有冒险家的一面，这可以吸引她，可是，那一张刀子脸，长在瘦长的身体上，让他看上去像一只大鸟，他用懒洋洋的眼神打量着来往的人群。此外，他的举止中透着一种屈尊俯就的姿态，让人无法亲近。很少有人愿跟他拥抱问好，大伙儿情愿跟他握手，还忍不住担心自己的手会消失在他那纤长而瘦削的手指间。他当时为走红的玛丽·迪巴工作，是她的秘书，还为她写了几首歌。

雷蒙的艺术家生于一八九四年，她穷尽一生来寻找最适合自己的演艺行当，却从未找到。在一九二六年之前，她一直唱轻歌剧，可是，脆弱的声线令她不得不转向对技能要求不那么苛刻的其他表演形式。一九二七年，她靠着《佩德罗》和《夏略特向圣母玛利亚祈祷》等通俗歌曲出了名。

她被这一行当耗尽了精力，最终离开了演艺界。

"表演谋杀了我。"她曾这样说。一九二七年，这句话得到了验证。

那个晚上，艾迪特和阿索彼此没有任何亲昵的表示。他跟她讲述自己的生平：先是在摩洛哥做过牧羊人，接着入伍加入了北非骑兵和外籍军团，写不出好剧本，却在歌词创作上天分非凡。

她听着，因为她爱听故事，也爱他点的一杯杯美酒。轮到她了，她为他打开了自己的苦难之箱，但只敞开了第一层，后面的她都留着，就好像明摆着两人还能再见上面。他们没有定下再会的日期，只用眼睛和手指作别。

然而，皮亚芙却急不可待，无名无望的处境仿佛上刑的铅袍一般令她窒息。得有自己的歌儿来唱。得有人来雇她唱歌，还得有个爱她的人来成就这一切！

而那一位呢（皮亚芙后来唤他为"我的西拉诺"①，以影射他的大鼻子）此时也动了情，这情分让他把灰姑娘变成公主，把顽石点化成美玉。

他被皮亚芙所倾诉的生平所打动，他确信这脆弱的外表里面藏的是一个无比坚强的未来艺术家。

在相见的那个晚上，皮亚芙曾对他说，她喜欢军服，也爱穿军服的小伙儿，于是，他写了一个故事，关于炽热的沙漠和蔚蓝的大眼睛的故事，玛格丽特·莫诺后来为它谱了曲。她拒绝这首歌，就像姑娘抗拒为时过早的求婚那样。她甚至逃到了尼斯，在一家军官俱乐部唱歌，远离了一切，远离了他。

在她离开前的几天，他对她说："如果不彻底改变生活，你永远也找不到愿意照顾你的人，千万别指望我。"

他怎能这样跟她说话，哪怕听教堂的钟，看路边的灯，也比忍受他的傲气强。勒普莱可不敢这样！她从尼斯返程，在冰冷的车厢里，休探亲假的士兵一路在嬉闹，这一次，这些当兵的可没能逗得她乐。她将骄傲抛之脑后，从火车站用最后几个苏给阿索打了电话：

---

① 西拉诺为法国戏剧家埃德蒙·罗斯丹（1868－1918）所创作的戏剧《西拉诺·德·贝尔热拉克》中的主人公。该剧从历史真实人物萨维涅·西拉诺·德·贝尔热拉克（1619－1655）身上攫取灵感，是法国戏剧史上最著名的剧目之一。该剧于1990年被搬上了电影屏幕，影片的中文译名为《大鼻子情圣》。——译注

"雷蒙，我需要你！"

阿索回答她，声音没有一丝起伏："来吧，坐出租，我付钱。"

如果说，接下来，皮亚芙的生命因"西拉诺"而发生了改变，那么，阿索的生命同样也发生了转变。

他跟皮亚芙一起只有三年时光，然而，在这出二人戏中，他依次往往是同时扮演了多重角色，情人、词作者、朋友、艺术指导和圣殿守护人。他仿佛是一个铁石心肠的皮格马利翁[①]，要把他的艺术家的过去彻底清除。第一个穿上囚服，走上断头台的就是莫莫娜。

阿索和勒普莱一样，认为莫莫娜要为所有的放荡行径担负责任，其实，她只是拿出苹果来诱惑，而皮亚芙却结结实实地咬了上去。

"皮条客和喝酒作乐，这些都结束了，"他说，"街头的日子都成了过去，你来自热尔尼之家，这是个参照。你在布雷斯特和布鲁塞尔的荒唐事，就像勒普莱事件一样，都该被忘掉。明天，你会有新的好歌来唱，你不是从零开始，你将继续自己的事业。"

"那谁是我的经纪人呢？"

"玛丽·迪巴，我为她工作，靠我的关系，她不需要经纪人，你又为什么需要呢？"

---

① 皮格马利翁是希腊神话中的塞浦路斯国王，他爱上了自己雕塑的一尊少女像，爱神阿芙洛狄忒被他打动，赐予雕像生命，并让他们结为夫妻。这一神话说明期望对于人的行为的影响——"皮格马利翁效应"。"皮格马利翁效应"意为一个人只要对艺术对象有着执著的追求精神，便会发生艺术感应。——译注

艾迪特和雷蒙之间的爱只局限在彼此倾慕和相互的默契中。的确，这种情感，如同品味朝鲜蓟，吃的人剥开一层又一层，常常是还没到菜心就已厌倦了！他们远远没能触及感情的核心。在他们的关系中，同样缺席的还有激情。皮亚芙常常妄想不属于自己的东西。一旦得了手，高涨的激情也就跌落了。我们不禁要问，假如她的冠军没有悲惨地离世，她对塞尔当那永不竭止的爱又将如何终结？雷蒙更像是一只救生筏，她得用尽全力爬上去。

她获救了，她也有了感激之情。

此后，在她睡觉的房间里有了男人的脚步声，这就足以让她幸福了。雷蒙很快就意识到自己任务的繁重，打造他的新艺人需要时间。他重新拾起由雅克·布尔雅开的头。要让她读书，还得让她弄明白她读的是什么。

"你不明白自己唱的是什么。"他用教训人的口气说。

她同意，可是，既然耳朵听一遍就能记住，为何又要花时间去读呢？

不过，她还是想品尝阅读的滋味。她遇到的大部分男人，不是文人就是在知识这口大锅里打过滚儿的，她也得分享其中的一杯羹。

让·诺利在《艾迪特》（图书俱乐部出版社）一书中讲到，在最后的岁月里，皮亚芙发现了泰亚尔·德·夏尔丹[1]，她试图让身边亲近的人也来读他的书："没人听得懂那文章中的一个词，因为艾迪特在读书的时候根本不知道该如何断句。"

---

[1] 泰亚尔·德·夏尔丹（1881–1955），法国哲学家、神学家、古生物学家和耶稣会教士，自取中文名字为"德日进"。在中国工作多年，是中国旧石器时代考古学的开拓者和奠基者之一。代表作有《思想的起源》、《人的现象》和《神的氛围》等。——译注

她每时每刻都在向我们唠叨："泰亚尔·德·夏尔丹说……"这种折磨终于在一个下午结束了。她当时的秘书克洛德·菲居斯看了看手表，说："五点了，我们是不是去夏尔丹'花园'里来杯泰亚尔'茶'？"①

　　"混蛋！"艾迪特回了他一句。

　　于是，《思想的起源》的作者又回到了书架旁。

　　在一九三七年，她还没到那个地步；可是，向来固执的艾迪特对雷蒙在睡前读给她的那些诗句终于产生了兴趣，她最后感叹说："魏尔伦，总比一杯白兰地对身体有益呀！"

　　雷蒙还教她穿衣，跟她解释说绿线衫上搭着一条紫披肩，这装扮跟蓝短裙和帆布鞋并不相配。他还擦去她艳红的口红，在她苍白的脸庞上，那颜色红得像滴血的伤口。

　　不过，为她穿衣远远难于赋予她思想。只要他一不当心，她就会随手扯起什么东西，胡乱披挂上身。为记者开门时，她会穿着一条拖拖拉拉的裤子，外面套着有斑驳污渍的睡裙，脚蹬一双银色高跟拖鞋。他还带她去餐厅，那里的侍者殷勤又可爱，却不会随便勾引人。他向她展示如何拿刀叉、举酒杯、系餐巾，他还告诉她不要为自己斟上满满一杯酒，也不要一口气就干掉。还有，不要借着喂小鸟的名义，在桌子上撒面包屑。

　　他要把她孤立起来。莫莫娜，很容易，拉皮条的，那是另外的故事了。不管怎样，他还是成功了。他的关系不仅局限在音乐圈里，那些"脚踏热沙，头顶烈日"的士兵不会拒绝助他

---

① 法文里"泰亚尔"发音接近"茶壶"，而"夏尔丹"发音接近"花园"。此处是秘书对艾迪特的一种调侃。——译注

们昔日的"阳光"战友一臂之力!

皮亚芙曾说:"雷蒙教会我去做一个人,他用了三年的温存来让我知道,在妓女和叉杆儿构成的世界之外,还有另外一个世界。"

阿索,总是让人败兴,可他的话最终还是被听了进去,从某种程度而言,他也得到了爱。有一天,她把杰克·伦敦的《马丁·伊登》从头到尾读了一遍。"我的第一次伟大胜利!"他说。

"小家伙"皮亚芙变成了艾迪特·皮亚芙。这一转变让她举世闻名,促成这一变化的人有很多。阿索把玛格丽特·莫诺介绍给她,莫诺是皮亚芙遇到的对她帮助最大的人。

"你要是想认识为《我的外籍军团士兵》谱曲的人,她就是。"

这个女人肤色白皙,面庞光洁,一头金发。艾迪特马上被她征服了。

"我叫玛格丽特。"她说,接着,她离开了,一路撞在了所有家具上,一路上跟所有人道歉。她不是近视,仅仅是心不在焉。

这一天,雷蒙·阿索连自己都没有意识到,自己让两个半球相遇了。一个半球是受尽苦难折磨的孩子,另一个半球是活在虚幻中的生命,这个生命的心神就像孩子的气球,放飞到了天上。

艾迪特和玛格丽特本来决无可能相识。一个生活在云彩上,一个生活在溪流中。两个人谁也没有国王般守时的美德。可是,她们再也不会分开了,不用相约,总能相会,一直到生命的尽头。她们也会偶有不快，但不快转瞬便会被忘记。

每当皮亚芙爱上一个写歌的，她就会对莫诺说："他是个天才，我得把你的歌撤掉两首，你不怨我吧，我爱死你了！"

玛格丽特深叹一口气，倒在沙发上，沙发也长叹一声，她熟睡过去。常常是她一觉醒来，那个天才作曲家已经遭到遗弃！

"玛格丽特，"艾迪特会说，"我刚才说的话不作数，那家伙是个傻瓜；你的歌，我一首都不会撤掉！"

"那你该撤掉哪首歌呢？"玛格丽特问道。

皮亚芙转身离开，重重地关上门，玛格丽特还没弄明白是什么惹恼了她！

人们都说莫诺爱幻想，可她的确天分出众！只要跟她念上一段词儿，那不成形的歌词马上就会在她的手指下淌出一段和弦，继而变成旋律。

在舞台上，尤其在唱片中，身为表演艺术家的艾迪特从来不会忘记向别人介绍为她写歌的人。

"《我不知道如何结束》出自雷蒙·阿索和玛格丽特·莫诺之手。"

皮亚芙永远也忘不了那些为她的成功付出众多的人。这些人实在是得之不易啊！

跟玛格丽特的相遇促成了《外籍军团的信号旗》这首歌的诞生，这是第一首专门为艾迪特打造的歌，由阿索和莫诺联合署名。此后，其他众多作品相继出炉。

艾迪特请求阿索带她去 ABC 音乐厅看玛丽·迪巴，去了一次又一次！她被迪巴的才华所折服。她蜷缩在扶手椅中，神情恍惚……

"雷蒙，我永远也成不了她那样……"这一次，他绽开了笑容。

　　不久之后，他们搬进了一家旅馆。旅馆里铺着割绒织毯，织毯下连一层亚麻油毡都没有。这家名叫阿尔西纳的旅馆只有两颗星，位于蒙马尔特的朱诺大道上。

　　从此，皮亚芙每一天都站到玛格丽特的钢琴前，成了一个一唱就能唱个不停的歌手，再也没有了时间概念，唱起歌来就不管已经唱了多久，也不管还要唱多久。"从前，我是随性而唱，"她说，"现在我得依照别人的要求去唱。"

　　玛格丽特是伟大的作曲家，也是个天才的钢琴演奏家。四岁的时候，还是小姑娘玩布娃娃、过家家的年龄，她就已经开了演奏会，弹奏了莫扎特。她师从阿尔弗雷德·科尔托和纳迪娅·布朗热①学琴，本来能成为一个伟大的独奏家，然而，她不想在琴键上爱抚别人的孩子，而是选择赋予自己的孩子以生命。

　　艾迪特喜不自胜："雷蒙，我有世界上最好的老师！"就像每一次她爱了，那一定是激情澎湃，有了激情，就一定有绰号！

　　莫诺于是成了"吉特"。她很难接受，什么鬼"吉特"？

　　"吉特"还是认了，有人用这个新名字来唤她时，她还会应上一句，也只有艾迪特这样叫她，其他人想都别想！"吉特"接着又回到了自己的世界里，在沙发上开始出神！

　　阿索认为时机成熟了。艾迪特已经为登上真正的舞台作好

---

① 阿尔弗雷德·科尔托（1877–1962），法国钢琴演奏家，被视做20世纪上半期最伟大的钢琴家和音乐教育家。纳迪娅·布朗热（1887–1979），法国著名音乐家和教育家。——译注

了准备。他想到了 ABC 音乐厅，迪巴就是在那里迷住了皮亚芙。音乐厅的经理叫米蒂·戈尔丁，传闻是个危险人物。此人一八九五年三月十七日生于罗马尼亚境内摩尔多瓦与瓦拉几亚的交界处，年轻时，曾是布加勒斯特大主教教堂的头号男高音，后来遵循父母的意愿去学习法律。他的父母认为教堂可以滋养灵魂，却养不活身体。再后来，他到了法国，为众多艺人组织过巡演，其中包括一九三二年米丝廷盖特的巡回演出。

米蒂的目光从未短浅过，他在一九三四年买下了"广场"，那是位于普瓦索尼耶大道的一家已经衰落的歌舞剧场。他的口号是"用小成本来打造大明星"。

他给这家剧场重新取了个名字，叫 ABC；"如此一来，"他解释道，"按照字母顺序，我总是第一个。"

一个季度不到，他将原本分文不赚的地方变成了一个座无虚席的演艺场。

一九三四年六月，蒂诺·罗西就是从这里登上了舞台，夏尔·特雷内在和同伴约翰尼·埃斯①分道扬镳后也是在这里第一次登台独唱。

如果说大路、电影院和热尔尼之家是造就皮亚芙的音乐学院，那么，她正是于一九三七年三月二十六日在这个舞台上开始了真正的演艺生涯。

她将这归功于雷蒙的坚持不懈。

---

① 夏尔·特雷内（1913 - 2001），法国著名歌手、艺人。在其演艺生涯开端曾与瑞士钢琴家约翰尼·埃斯组成一个二人组合，在巴黎的各家夜总会表演。——译注

无论戈尔丁走到哪里，阿索就跟到哪里，他知道戈尔丁在哪儿喝咖啡及用午餐和晚餐、喝阿马尼亚克烈酒，甚至清楚他到哪家馆子去找漂亮姑娘寻欢。

　　"雷蒙，你的街头歌手不适合我的地方。"第一次见面时戈尔丁就这样对他说。可阿索没有放弃，一次又一次前来进攻。糖块还没在戈尔丁的咖啡杯里融化，雷蒙就已经到了。这种碰面已经成了一种心照不宣的习惯，一种即兴的重逢游戏。

　　有一天，阿索消失了。戈尔丁在喝咖啡，一个人或者跟其他人在一起。他吃午餐时，雷蒙没有走进餐厅祝他好胃口；到了风尘场所，也没了人给他出主意选哪个姑娘！起初，他得意洋洋，他终于让那个难缠的家伙泄了气，罢了休。

　　他点了一杯白兰地，抽着雪茄，吐起烟圈，想着，别人再固执，遇到他的硬脾气也都通通没了辙。他摊开了报纸，心情很愉快。一个星期之后，午餐用得正香，他突然感觉到阿索的缺席，就像嘴里涌进了一股怪味道！他叫侍者撤换了他的面拖比目鱼，他没再喝白兰地。阿索是不是病了？

　　终于有一天，他在一家剧院的后台偶然遇到了阿索。

　　"你从世界上消失了吗？"戈尔丁热情地握着他的手问道。

　　"听着，米蒂，"阿索如是对他说，"别再坚持了，皮亚芙可并不适合你那种地方。"

　　戈尔丁觉得他的这一反话很滑稽："好吧，算你赢了，把她带过来吧！"

　　演出的报酬很微薄，但皮亚芙快乐至极："不管怎样，就算不付钱，我也要在这舞台上唱歌！"

　　"雷蒙，你才是最厉害的！"这一声感叹在一九三七年成了一首歌的名字。音乐出版人拉乌尔·布雷东的妻子，业内人称她为"侯爵夫人"，她迷上了这个新人，决定将"小麻雀"置于自己的羽翼之下。

"一分钟都不能耽误了，得包装她，我不想再听人们谈起什么街头歌手。"

她们一起去商店，去见服装设计师，这些都让艾迪特生厌。不过，为在音乐厅登台，值得付出这个代价！

皮亚芙对于 ABC 音乐厅倾注了全部的热情，甚至有点过度了，每一次遇到触动她心弦的东西，她都是如此用心。

她乖乖地一次又一次跟着吉特和阿索排练。她过去常说："我就这样子，他们要就要，不要就算。"说这种话的时代已经一去不复返了。她不想随意放过任何一个细节，连歌曲名的顺序、双手的动作，乃至后退一步向观众致敬或上前一步向观众介绍下一首歌曲的姿态，都不放过。

"灯光，谁管灯光呢？我要的是强光，要特别强，要能打出我脸部的白！"

"还没成明星呢，就开始耍狗脾气了。"雷蒙心想。第一个受不了的是吉特，她嚷道："就这样了，行了，艾迪特！"雷蒙站得笔直，仿佛在西迪贝勒阿巴斯的军营站岗似的，他一声不吭。难道他们最终非得散伙不成？

艾迪特说道："吉特说得对，就这样，挺好的！"接着，她又补上一句："你们休息吧，我有的是劲！"

每次准备大的演出，她总是这副劲头，肾上腺素在她的静脉中奔腾，犹如尼亚加拉大瀑布，倾泻的是不安与激情。

这一天，她又织起了披肩。她一有压力，就织披肩，给每个人都织了一条。然后，她说："我要让你们吃苦了。"说罢，她又站到了钢琴前。吉特长叹一口气，雷蒙又摆起了立正的姿态。此时的艾迪特已经有了一个不屈的灵魂，日后，她在前进道路上遇到的一切都会向她低头。她是吹弯树木的劲风，是冲击悬崖的海浪，是冲垮美景的泥石流。

有人说阿索曾请人给艾迪特上课，可阿索在《巴黎晚报》上谦虚地说"皮亚芙才华横溢，谁都有可能让她大放光彩"。他忘了说明，他赋予这个饱尝街头艰辛的生命以耐心和温存，这才是起到决定性作用的因素。

野性并未因此而失去它的爪子，但从此不再毫无道理地将它们亮出。她的周围总有一些人，他们常常牺牲自己的私人生活，再也不离艾迪特的左右。阿索最大的功绩是为艾迪特创作了最重要的歌曲。在一九三七年至一九三九年间，皮亚芙唱的都是阿索创作的歌曲。如果说她后来爱上了某位无名的作曲家而一时忘记了阿索，那么到后来她总是会回到阿索为她创作的最早的那批歌曲上来。她常说，那些歌"是我的护身符"。

阿索是文字的布景艺术家，短短几句诗便能布下一个景、讲述一个故事。他文字精练，不追求长篇的抒情，这类的抒情往往很快就会过时。他风格洗练，字字句句都能深入人心，副歌中闪现的形象永远都那么美丽。艾迪特往往能给雷蒙灵感。雷蒙话不多，但善于倾听，他的明星所说的话，他听得很上心。比如《巴黎—地中海》一曲就是受艾迪特在巴黎至尼斯列车上几近实现的一段罗曼史启发而成的。像《启程》《坏水手》或《我听到汽笛声》这类关于水手的歌曲，则来自皮亚芙的回忆，当时皮亚芙还不敢自己动手写歌。

多产的阿索在《走私犯》《豺狼》《白朗宁手枪》等歌曲中讲述了自己的故事。这些歌由多位作曲家谱曲，如皮埃尔·德雷福斯、莱奥·波尔（此人就是后来的米歇尔·波尔纳列夫[①]的父亲）、勒内·克洛埃雷克等，但他求助最多的是玛格丽特·莫诺。这一年，艾迪特录了十八首歌，其中十三首是雷蒙·阿索写的，此外还有她早期演唱的曲目，如《科雷克和雷吉耶》和《在圣旺和克里昂库之间》。

---

① 米歇尔·波尔纳列夫（1944— ），法国著名歌手，被誉为"法国流行音乐王子"。——译注

6. 必不可少的 ABC 音乐厅

一九三七年三月二十六日，艾迪特在林荫大道的"殿堂"演唱，那是一个歌唱家要想获得认可而必须经过的殿堂。"无与伦比"，海报上如是写道。

第一首歌刚唱毕，她便感动了观众，接着，喝彩声一阵接着一阵。疯狂的观众拒绝让她离去，要她唱《我的外籍军团士兵》，她一连唱了三遍。"都没法中场休息了，"音乐厅当时的经理马克·布朗凯说，"可她实在没有歌唱了，于是向观众致谢，离开，又上台致谢！"

"当舞台布景工累得再也拉不动幕布时，演出才有可能得以中断。"《法兰西晚报》在第二天的报纸上写道。

米蒂和雷蒙在后台喝上了三星白兰地①。

"你的女人真他妈的有才！"戈尔丁对雷蒙说。

"对付你他妈的那些观众，简直太容易了。"阿索回应道。

艾迪特抢了表演大兵闹剧的头牌明星乌夫拉尔的风头，乌夫拉尔唱的《我的大嘴笑裂了》很难让观众忘怀"外籍军团士兵"！

---

① 指白兰地的品级，三星品级指酒在桶内的贮藏期不得少于 30 个月。好的白兰地是由多种不同酒龄的白兰地相渗而成，上述贮藏期指渗杂酒中最起码的年份。——译注

经常意见相左的媒体这一次终于统一了口径。"街头柔弱的花朵取得了惊人的进步。"再没有人谈起她不光彩的过去。"她以力量和技巧获胜。"《巴黎晚报》的报道说。戈尔丁后悔合同上写明了限唱五首歌。可他当时哪能预料得到这些呢?

当年的十一月十日,皮亚芙又回到了 ABC 音乐厅,与米雷耶同台献艺,伴奏的是若·布永指挥的乐团。她占了演出的前半场。

"这一次",米蒂·戈尔丁说,"一定要多准备几首歌,免得像上一次搞得像'外籍军团'阅兵似的!"

演唱会的合同价格也提高了。的确,本来就从零开始,现在只能看涨。借着这次重返舞台的机会,她用回了原来的名字。"小麻雀已经死了,"演出海报上写道,"艾迪特·皮亚芙万岁!"

第二次,胜利又如约而至。

布雷东夫人(人们依旧称呼她"侯爵夫人")安排了与让·科克多的一次晚宴。科克多说:"她不是在歌唱爱情,而是在大声呼唤爱情,她是不可模仿的。以前从未有过艾迪特·皮亚芙,此后也绝不会再有艾迪特·皮亚芙。"

艾迪特和雷蒙脑子里回响的总是观众的喝彩声。他们紧紧相拥,仿佛是太阳融合成的两个影子。他们以为相爱了,可实际上,这只是阳光玩的一个游戏。皮亚芙真正的演艺生涯开始于人民阵线①当政时期。法兰西由左翼的社会党人和共产党人所

---

① 人民阵线为法国左翼各党派联盟,曾于 1935 - 1937 年间执政法国,是法国第三共和国第一个由社会党人执政的政府。——译注

领导，莱奥·布卢姆的政府被斥责没有信守大选时许下的承诺，遭遇了大规模的罢工运动。艺术家之中，很少有人意识到这一混乱时期兆示着与德国的新冲突的开始，此时，德国刚刚吞并了奥地利。

一九三七年，整个法国喜欢的是在疯狂年代①流行的查尔斯顿舞，而不是凡尔登的老兵②。谁都不会认为战争可能发生，而且，哪怕战争爆发了，法国赢得了上一次的胜利，那么这一次也一定会赢。

这一年，人们谈论的更多的是歌唱了《月光下的教堂》的莱奥·马尔雅娜，是在巴黎娱乐场大型歌舞节目"欢乐巴黎"中领衔表演的莫里斯·舍瓦利耶，是同样征服了巴黎娱乐场的米丝廷盖特，她身着埃菲尔铁塔状的羽毛衣裙闪亮献艺。人们同样在谈论蒂诺·罗西，他以一曲《到了，到了》连续二十八周雄踞纽约金曲榜的榜首，人们谈论向观光客派送歌曲集的万国博览会，谈论皮亚芙，观众无需去发掘她，只是重新又发现了她。希特勒和他的坦克又会对这些艺术家们做些什么呢？

皮亚芙歌唱被嘲弄的爱情，歌唱逃遁的爱情，她用尽激情，悲怆而绝望。她那消瘦的身形，她那伸向观众的双臂传递着力量和对爱的希望，爱始终有可能重生。这难以熄灭的星火，她却无法在自己与雷蒙的日常生活中让它重新燃起。他们之间一直都没有熊熊的火焰，不过，她勉强安于现状，为的是不再独

---

① 疯狂年代（1918－1929），指法国始于一次世界大战后，终结于1929年世界经济危机的十年。也是法国社会充满疯狂激情的年月，社会流行的是享乐的风气，传统艺术与审美受到了冲击。——译注
② 凡尔登为法国战略要地，1916年一战期间，德法两国军队曾在此激烈交战，德军战败，成为一战的转折点。凡尔登战役亦为一战最残酷的一场战役。——译注

自恐慌。从此之后，艾迪特的眼睛在夜晚总是睁着，她直到天亮才能睡着。

雷蒙与皮亚芙的关系是老师与学生的关系，他让她相信自己的才华，却从不明说，他使用唯一的教育方法就是爱。于是，不知不觉中，他们渐渐地更像是一对合作伙伴，而越来越不像是一对恋人。

艾迪特后来恋上了一个长着蓝眼睛的迷人歌手，此人在蒙马尔特开了一家小酒馆，名叫让·西哈诺。对这一类的私情，莫莫娜总是有份儿的。她曾被另外一个上帝又一次逐出了天堂，这个上帝名叫雷蒙，不过，她从未真正走远过。

她的回归是无法阻挡的，在这之前，她在干什么？"要讨人喜欢，"她说，"上街拉客就是一门厚颜无耻的舞台艺术，"她补充道，"男人的目光，一直让我开心。不论是年龄还是身材，街头是永远保持你的诱惑力的最可靠的路径。"

艾迪特和莫莫娜听着蓝眼睛歌手唱着陈年老歌，像小姑娘那样不时"扑哧扑哧"地笑出声。

显然，皮亚芙不像雅克·沙尔多纳[1]所写的那样："属于少见的一类女子，她们只爱一次，然后为爱而悄然死去。"她爱男人，可这些男人不过是暗夜里的幽灵而已。

跟阿索的故事，不是一个可有可无的普通故事，而是两个相互寻找而互不理解的截然不同的生命的化学反应。阿索是一座冰山，艾迪特对遮蔽起来的那部分并不感兴趣。她喜欢身体的碰撞、争吵、凌辱、哭泣、殴打和原谅。

---

① 雅克·沙尔多纳（1884－1968），法国作家，作品多涉及爱情主题。——译注

她的身体时刻准备着承受这一切，可是，她却从来不会想到要潜入冰冷的水底，以探寻另一端是否也存在着生命！她常常希望在她凌晨归来时，他抽她耳光，而不是亲吻着她的额头把她抱上床。他原谅她夜里的不归，但只要西哈诺胆敢伤害她，他准会在决斗中一剑刺死他……最后，他打了她，可为时已晚，她已经再没有让他打的欲望了。

一九三八年四月二十五日到五月四日之间，皮亚芙第三次在 ABC 登台，当时演出的头牌演员是夏尔·特雷内。在米蒂·戈尔丁的坚持下，特雷内最终同意删去《快活》这首歌的前四句，那四句歌词是：

> 小屠夫就要十五岁，
> 疯狂地爱上了一个官太太，
> 官太太就要满百岁，
> 为这孩子的爱而幸福失态。

皮亚芙连续进行了几次盛大演出，接着到法国各地的娱乐场巡演。雷蒙建议她休整一段时间。她拒绝了，不过，这一次，他最终还是说服了她。她去旺代地区休息了几天。他为她雇了一个秘书兼陪同，是个年轻的姑娘，即后来的戏剧演员苏珊娜·弗隆。

一九三九年，皮亚芙相继在邻近克利希广场的欧罗巴人音乐厅、尼斯的地中海宫、艾克斯-普罗旺斯剧院、博比诺、多维尔娱乐场、马赛的奥代翁影剧院、高蒙宫殿影剧院、布鲁塞尔的阿尔汉布拉音乐厅和夜色夜总会等地演出，并录制了《两个伙伴》《她常去毕加尔街》《忧伤的小先生》和《我不知道如何结束》等歌曲。

八月，在诺曼底海滨度假期间，雷蒙·阿索收到了应征入伍令。他很快进了驻扎于下阿尔卑斯省迪涅地区的部队。尽管艾迪特对这段恋情一拖再拖，一触即发的战争还是为两人的关系画上了句号，甚至连回旋的余地都没有。不过，她永远都没有忘记那个让她出人头地的男人，她成了他温存的好友，甚至比和他相恋时还要温存。他后来又为她写了几首歌，接着便从她的音乐天地里消失了，被新的作者和新的恋人所取代。

阿索继续为当时的明星写歌，如让·吕米埃（《加尔德圣母院》）、达米娅（《逃之夭夭》）、吕西安娜·德莉尔（《这是巴黎的歌》和《美丽人生》）、勒内·勒巴（《多少爱》和《朋友的施与》），一九五二年，他凭着为穆卢吉写的一首《像一朵小小的虞美人》而获得了巨大的成功。

他也为伊夫·蒙当（《妮农，我的小妮内特》）、卡特琳娜·索瓦热（《明日的摇篮曲》和《我心跳动》）、蒂诺·罗西（《我的春天》）和安德烈·达萨里（《美妙之国》）等歌星写歌，后来还担任过"词曲作者和音乐出版者协会"的董事，一九六八年去世。

仍旧是一段传奇，他在临终前呼唤了一声艾迪特。

7. 科克多发现冷漠，皮亚芙发现戏剧

一九三九年一月二十六日，佛朗哥的部队进入马德里。三月十五日，德国军队到了布拉格。四月七日，墨索里尼的意大利部队侵入阿尔巴尼亚。五月二十二日，墨索里尼与希特勒签署互援协约。法国对正在形成的巨大灾难毫无意识，对这一切充耳不闻。法国人不愿意为波兰人去死，也不愿意为任何人去死。

他们愿意独自享乐。

八月二十三日，希特勒和斯大林达成谅解，德苏协约得以签署。法国真的不明白这一切。马其诺防线成了人人死抱住不放的救命稻草。九月三日，法国和英国向德国宣战。

接替了达拉第的保尔·雷诺①感叹道："要是只有奇迹可以拯救我们，那我会说：'我相信奇迹，因为我们相信法兰西。'"

如此感叹，美丽而无谓。奇迹没有发生，法国的士兵一直退到了南方边境小城昂代，那里流淌着沙哥利河和比达索亚河。

雷蒙·阿索遭遇的经历不像他的歌写得那样浪漫。他遇到

---

① 爱德华·达拉第（1884－1970），法国政治家，于 1938－1940 年期间担任法国总理，为避免战争而与德国签订《慕尼黑协定》。第二次世界大战法国被德国攻陷后被逮捕，被德国人囚禁至 1945 年。保尔·雷诺（1878－1966），继达拉第之后担任法国总理，任职时间为 1940 年 3 月至 6 月。——译注

的不是热沙而是泥泞，是惊恐的百姓，是火光映天的炮弹，是直向你俯冲而来的斯图卡轰炸机。正如塞利纳^①所言，"我们困在美丽的裹尸布中。"一九三九年，西蒙娜结了婚。这场婚事很快成了悲剧，丈夫死在了前线，连具体死在什么地方都难以确定。艾迪特始终住在阿尔西纳旅馆。她觉得自己已经不爱雷蒙，可在她的生命中也没有别的人，所以还是思念着他。旅馆里空荡荡的，大街小巷都是人，连来观光的旅客也被应征入伍。旅馆看大门的那位由于患有严重风湿病，得以留了下来。"这鬼地方，阴沉沉的，"门房对艾迪特说，"您请些人来住吧，但不要请犹太人。德国人说到就到！"

艾迪特请来了莫莫娜，莫莫娜又叫来了在艾迪特演出的夜色夜总会里结识的两个善于逗乐的小伙子。可这既不能填满皮亚芙内心的空虚，也填不满空荡荡的旅馆。

人们惶惶不可终日，同时又带着些许好奇，等着德国军队的到来。德国军队真的像传言的那样？他们见到孩子就砍他们的手？每天夜晚登台献唱前，艾迪特都会到香榭丽舍大街的"快帆"酒吧喝上一杯，那里是当地艺术家聚集的地方。

一天晚上，她独自一人，正在闷闷不乐地喝着香槟，心里像有一群黑蝴蝶在纷飞——《黑蝴蝶》后来成了甘斯堡^②的一首歌的名字——一个男人，彬彬有礼，气度非凡，朝她一欠身子，说道："小姐，像您这般有副好歌喉的人，可不能喝酒！"

这段轶事还有另一个版本，那是艾迪特在回答《我们的心》杂志记者采访时亲口说的："一个身材瘦削的小伙子，深棕色的

---

① 路易-费尔迪南·塞利纳（1894－1961），法国作家，曾参加过第一次世界大战。——译注
② 塞尔日·甘斯堡（1928－1991），法国词曲作者、歌手、电影人，对法国流行音乐发展影响甚大。——译注

头发，两只眼睛像刚擦的皮鞋那么亮。他突然出现在我的面前，用水粉般苍白的微笑对我说：'棒，您太棒了，您的节目也很棒。'说话间带着一副嘲弄的姿态，仿佛在说：'您做的，不错。'"

此人叫保尔·墨里斯，身材瘦削，人不错，善于嘲讽，头发棕黑，他走进了艾迪特的生活。

保尔一九一二年生于敦刻尔克，是个银行家的儿子，与其整日经受交易所的震荡，他更喜欢歌舞厅的快乐日子。他在星形广场附近的一家酒吧唱歌，那一带还有不少人过夜生活，酒吧的名字叫"海军司令"。如果说墨里斯嘲弄有术，嗓音深沉而优美，但他的歌技却不是以力量取胜。那个时候，他已经有了非同寻常的幽默感，这种幽默感使他后来歌唱"戴单片眼镜的侦探"系列歌曲时简直成了传奇。他是巴斯特·基顿①那一类型的歌星，机智灵巧，善于歌唱那种不用微笑就能惹人取乐的歌曲。

艾迪特漫不经心地听着保尔·墨里斯的曲目，还有周围认出了她的那些陌生人的恭维。皮亚芙要是堕入了爱河，她只会睁大眼睛并堵上耳朵。不过，那个时候，她还没有成为皮格马利翁式的人物，一心想栽培自己所爱的男人。后来，要是听到她说她想要让哪位歌手走红，那意思一定是说，她爱上那个歌手了。

科卡特里见她这副模样，吃惊不小，知道自己一定逃脱不了艾迪特必然会说的那句话："你说，布鲁诺，你不觉得这小伙

---

① 巴斯特·基顿（1895－1966），美国演员、电影制片人，是美国默片时代堪与卓别林相媲美的喜剧表演大师，其表演风格自成一派，被誉为"冷面笑匠"。——译注

子能压得住场，而且嗓子也好吗？"

目前，她只是刚得到认可的歌手，还不是众人都对她百依百顺的明星。"有的男人让我翻船，有的男人是我的彩虹，"她对莫莫娜说，"可还从没有哪个男人帮我穿过大衣！"

西蒙娜承认自己也从没遇到过这样的殷勤体贴。

墨里斯还扶着门，请艾迪特走，在她的手上轻轻一吻，给她献上鲜花，从嘴里流淌出温柔的话语，她记得只有在布尔雅送给她的诗集中才读过这样的话。

她跟着他来到了位于杜埃街的公寓，屋子里飘着一股很好闻的薰衣草花香和摩洛哥皮革的味道。她浑身软绵绵地躺在他的怀里，无法左右自己。不过，她觉得单室公寓太小了些，再说莫莫娜还在阿尔西纳旅馆等着她回去，旅馆的房间可都空着呢！墨里斯二话没说，很快把整齐的套装、上了浆的衬衣、丝绸领带和质地同样细腻的睡衣装进了几只皮箱。

从某种意义上讲，艾迪特是在延续跟阿索一起度过的时光。雷蒙睡觉时总是在肚子上放个收音机来听，艾迪特气得有一天把收音机从窗户扔了出去。保尔懒洋洋地睡在床上，一边锉着指甲，那模样活像好莱坞黑色系列影片中扮演荡妇的演员。两个人话都不多。在他们的象牙塔下，底层社会的那些琐碎小事就这样流过，他们觉得没必要打开家门去了解外面的世界！

"都挺乖的，你的这些情人，"莫莫娜说，"跟城墙边的那些小流氓可不一样啊！"

"跟蒙马尔特那一带的混混也不一样。"艾迪特跟着说道。

一天，阿索从前线回来休假，事先没有说一声。他本想给她一个意外，没想到吃惊的是他自己。旅馆的前台一个人也没有，他听见莫莫娜为牌局上的小事在前厅跟看门人在吵。一般来说，艾迪特一个人是待不住的。他连忙上楼去房间，房门敞开着，他看见一个个烟圈从一个长长的用象牙做的东西中冒出来，当然那东西由两只手指在夹着。他什么也没说，下了楼。

后来发生了口角。阿索去艾迪特唱歌的夜总会附近的酒吧一家家去找她。他没费什么事就把她找到了。她装出一副很无辜的样子，说话嗓门很大，还流了几滴眼泪，可心不诚。他们没有往深里去，怕进去出不来，可两人之间再也没有什么感觉了。几个月前还在的爱情纽带如今没有了未来，从此之后，日常生活中不再会有什么让人意外的事情能让他们长见识，让他们再成长。不如分手，以免毁了对往事的记忆。两人之间出现了沉默，但这沉默不是无法容忍的。

他们喝了几杯酒，谁也没有看谁，各自有着心事。艾迪特想起了过去，以前要是阿索不说话、什么也不愿表达、装着睡着的样子时，她对他总是很嫉恨。他在想谁呢？雷蒙昨日的疑虑现如今得到了证实。事情一旦败露，她绝不会留下来跟他过。他提出的要求一定会很过分，她不会乖乖地接受的。幻灭的时刻终于到了。

"跟着他，我不可能再到那块永福之地，"皮亚芙心里想，"太遥远了，能远远地看一眼，就满足了。"要到达永福之地，那将是另外的故事了。也许明天跟另一个人可以吧。可跟谁呢？

他们俩还没有真的分开，保尔就主动来了。

阿索对他说："先生，爱艾迪特，可是要有品味的，用一只象牙烟嘴抽'乐击'牌香烟，如此对待这么有雄性的牌子，岂不是滑稽。我瞧不起你！"说罢，他走了，没有瞧保尔一眼，没有转身，甚至都没有去猛烈地带一下门。

几个月来，不仅又有了一个男人爱皮亚芙，而且暗地里还有个男人在为皮亚芙的生活谋划。

皮亚芙每次接受签约，都是经过一个名副其实的经纪人认真谈过的。

阿索从来不送皮亚芙珠宝——每次喝多了，皮亚芙总是会把珠宝往杯里扔——也从来不给她买皮草大衣——皮亚芙往往会把大衣忘在酒吧的高脚圆凳上——可他送给她的礼物都是有用的，或者说对像皮亚芙这样挥霍起来没有个度的艺术家来讲是不可或缺的。

这一次，礼物异常贵重，不过物有所值。马胡阿尼家族要价不菲，而艺术家们一旦有了一个姓马胡阿尼的代理人都不会埋怨。皮亚芙的这个代理人名叫达尼埃尔①。

跟雷蒙分手几个星期后，他给她打来电话：
"艾迪特，我办公室里有个下士，他有首歌要向你推荐。"
"您听过了吗？"
"他唱得不好，可手风琴拉得很棒。"
"要是我唱呢？
"找个给您伴奏的，又不难！"
米歇尔·埃梅尔的歌曲叫《手风琴家》，歌词的前四句就触及了皮亚芙心灵的深处。街角的卖春女子与深爱着她的音乐家，皮亚芙被震动了。有什么东西很适合她，她是很少会看错的。

---

① 马胡阿尼家族创办了法国第一个演艺经纪公司，埃迪·马胡阿尼和达尼埃尔·马胡阿尼两兄弟曾为众多法国演艺名人担任过经纪人，包括艾迪特·皮亚芙、雅克·布雷尔、夏尔·特雷内、伊夫·蒙当、达莉塔、吉尔贝·贝科、乔治·布拉森、亨利·萨尔瓦多等人。——译注

这首歌，皮亚芙让下士拉了十遍，又让他唱了五遍，接着自己又唱了一遍又一遍，唱得米歇尔不得不提醒她说："我刚刚从医院出来，要是我明天不回到部队，会被当做逃兵的。"

"还有整整一夜时间呢，"皮亚芙回答道，"明天呀，埃梅尔下士，这首歌，我要在'海军司令'酒吧里唱!"

她说到做到。几个月后，她还录了这首歌。《手风琴家》表达了她心底的感受，她把这首歌唱红了，甚至替下士为这首歌寻得了一个绝好的结尾：最后一段的最后一句一唱毕，音乐便戛然而止。

二月份，当皮亚芙在博比诺进行新的巡演时，这首歌算是个例外，因为那时她很少演唱新歌。由于找不到像埃梅尔创作的那种能"让人心动"的歌，她一直保留雷蒙给她写的曲目。不过，她也选了保尔·米斯拉基的两首歌，虽然他的歌曲对她而言并不比她在星形剧场试唱过的普莱维尔的歌更适合。她还借了苏兹·索利多尔的一首歌，是弗朗西斯·卡尔科的兄弟让·马雷兹写的，歌名叫《停靠站》。皮亚芙第一次想到要自己写歌词。有谁能比她更了解她自己呢?

米歇尔·埃梅尔后来又给她写了一些别的歌，其中有让人难以忘怀的《街的另一边》。当皮亚芙在生命的最后时日与泰奥·萨拉波相遇时，他为她写了《爱又有何用?》。这首歌，她与萨拉波一起同台合唱过。

杜埃街的单间公寓太小，而旅馆又是个人进进出出的地方，虽然对艾迪特很适合，因为有女服务员帮着整理床铺，但对保尔就不那么合适了，他更喜欢有钱人住的套房，房子里能闻到地板的打蜡味儿和烤面包的香味。他们在靠近星形广场的阿纳托尔·德·拉福热街住下。那是一个爱巢，保尔随心所欲，爱上了阅读。他喜爱诗人、小说家，甚至哲学家。他躺在床上听古典音乐。

艾迪特说愿意一起分享他的爱好，但有一点必须保证，就是只要她的酒杯还是满的，那就不能找任何借口要她回家上床。

保尔经常是一个人孤单单地回家。等她回到家，差不多已是第二天凌晨，他早就像婴儿一般熟睡。她对此无法忍受，既然他爱她，怎能表现得如此心安、如此平静、如此放松呢？她简直恨死了他的这副睡相。

于是，她弄出各种声音，把灯全都打开，把鞋往五斗橱上扔，可没什么用！保尔还是在睡。

可是，这才刚刚开始，那时他们彼此还爱着对方，不管对方怎样，有什么缺点、有什么不足，也不管那乏味的香烟和劣酒的味道。缺陷与美德同价。

不管怎么说，艾迪特和保尔之间建立了真正的交流。她听着他唱歌，眼睛微闭，竖起耳朵。那个时期，她还不是对自己的经验胸有成竹的皮亚芙，能给阿兹纳伍尔出主意，能让伊夫·蒙当走红；但她已经具有一种本能，知道什么东西应该保留，什么东西应该摒弃。她心想保尔不是唱歌的料，而是演戏的才，后来的发展说明她是对的。

墨里斯的表演才能不断提高。她要求当时最好的音乐家，如瓦尔-贝格为他写新歌，歌曲要突出他的玩世不恭和没落贵族的风格。同时，她自己也在寻找新的歌曲，当然为她写歌的不是保尔。阿索一直无可替代，但他已远去，而她又不愿承认他的离去让她时常感到后悔。

她自己最初创作的歌曲都是让别的歌手来演唱。莫娜·戈雅唱过《有多样的爱》，莉娜·维亚拉唱过《多了一个》。保尔给她买了一架竖式钢琴，还在钢琴上放了一束玫瑰花。皮亚芙惊喜万分，说道："以后呀，就让作曲家上家里来。"说罢，懒洋洋地看了看那束玫瑰花，又添了一句："可别指望我给花换水！"

皮亚芙的生活让文人们颇感兴趣，她的生命历程可与左拉的《小酒店》相媲美，这部小说曾由欧仁·苏改编为歌剧，由阿里斯蒂德·布吕昂演唱。

马塞尔·阿沙尔期待着与皮亚芙相见，侯爵夫人觉得应当和她的朋友让·科克多一起尽早安排一次新的晚宴。在博若莱街公寓的底层，诗人科克多布置了一个小沙龙，那里，文学与艺术融为一体。在这个俱乐部里什么人都有，有被人遗忘的作家、自以为是的艺术家、坚持信奉罗曼蒂克的花花公子、正当红的诗人、为日下的世风所烦心的道德家、超现实主义电影的明星、聪慧而又美丽的女子，以及有了聪明的脑子便自我满足的其他人等。当然还有皮亚芙，她是这群人中的异类，说话放肆，常常语出惊人！

她在这里遇到了科克多欣赏有加的女演员伊冯娜·德·布雷、著名的舞台设计艺术家克里斯蒂昂·贝拉尔、正在蹿红的女演员玛德莱娜·索洛涅、住在科克多家的让·马雷以及安德烈·布吕莱，此人不久之后将诗人为皮亚芙写的剧本搬上了舞台。在科克多家，大家喝着希腊葡萄酒，还有爱尔兰威士忌，牌子叫"图拉摩尔",用来斟酒的是宛若郁金香花般细长的玻璃杯,让人看了觉得好笑。

普鲁斯特患哮喘病的那个年代,有一批艺术家经常光顾文学沙龙,如今的这批人正是当初那些人的后裔!

让·科克多与街头偶像第一次见面时,已经年过五旬。诗人对大众音乐和出位的人物向来都很敏感。皮亚芙令他着迷,她的爱情生活更是让他倾心。她接触男人的姿态与他的交际方式颇为相似。虽然两人年纪和出身差别甚殊,但很快就能彼此理解。

两个"敏感的"人之间很快建立了友情,这段情分一直延续着,直到她成为明星,直到科克多成为法兰西学院院士。有一天,她请科克多为她写一首歌。他同意了,可惜他对街头语言和形象一无所知,不得不放弃,然而,受到皮亚芙与保尔之间的关系的启发,他提出为她写一出戏。

私下里,皮亚芙跟科克多说,她从来不善于控制自己的感情,却碰到了在情感上太能自控的男人,这样的生活实在不易。

"我一直被张扬的激情所吸引,这沉默中的感情又是怎么一回事?"

"话说回来,"科克多反驳她,"要是他不表达自己的感情,那他一定会在细水长流的生活中来验证它的。"

"我这个人啊,"皮亚芙笑着又回了他一句,"就喜欢疯狂的爱,才不稀罕什么天长地久。"

科克多开始写戏。拿他的话说,他是要模仿牡蛎,促进赘生物的生长,最终赘生物变为珍珠。珍珠的大小是一幕剧,剧名叫《冷漠的美男子》，写的是艾迪特和保尔的爱情故事，剧中只有两个人物、一个声音。

保尔从没拿科克多的戏和他自己的日常生活作对照。他对此不置一词，保持缄默。

对科克多送上的礼物，皮亚芙一开始非常开心，可要她演戏，她却傻了眼。

"可是，让，我可不会演戏啊！"

"一旦到了舞台上，"科克多回答道，"是唱歌还是演戏，或者是在台上转圈，都无所谓，关键是要有才华。你可不缺才华！"

科克多写的是她的故事，用三十来分钟的时间来概述她和保尔之间的故事。戏的场景在一家旅馆的小房间里，一位名叫艾米莉的女歌手，生性嫉妒，在旅馆焦急地等着情人的到来。

她在房间里乱转，自言自语着，一会儿播放唱片，一会儿又拿起电话，想知道她的情人到底在哪儿。她看看窗户，又看看房门，两边跑着，好像听到了情人回来的声音。最终情人回来了，没有解释一个字，独自躺在床上，打开报纸。她又是喊又是哀求，闹得像是一场暴风雨，但无济于事。情人不时地点燃一支香烟，懒洋洋地又把它掐灭，显然他对艾米莉的喊叫声充耳不闻。等她啰嗦完了，他从床上起来，拿起大衣和帽子，向门口走去。她抓住他不放，他抬手给了她一个耳光，走了。

这出戏安排在四月份于巴黎意大利歌剧院演出，同时上演的还有科克多的另一部作品《神圣的魔鬼》。伊冯娜·德·布雷过来为第一次演戏的皮亚芙救急，她把别人教给她的经验都传授给了皮亚芙，让她放宽心。

"你是一个成功的歌星，"她对皮亚芙说，"在台上念三十分钟的独白，这根本难不住你。"

"我或许能对付完台词，"皮亚芙回答道，"可不知道能念成什么样啊！"

很快，她演得越来越出色，完全进入了角色，表现出了女主人公内心的不甘、绝望以及穿越沉默之墙的困难。坏消息接踵而至，保尔也收到了应征的通知。艾迪特给国防部写了信，科克多也披上了橄榄绿丝绸里子的披风，连帽子也没戴，就急着去找部长们通融。战争期间，部长们当然有比观看意大利剧院首场演出更重要的事来操心。他在一间间候见厅等待，又跑到一间间办公室，从一等秘书一直往下找到次等秘书，终于从一个脸上扑着粉、痴迷于男演员的执达员手里拿到了等待已久的延缓从军的许可令。

墨里斯出演了前七场，让·马尔科尼在一九四〇年四月十九至二十五日替代了他的角色。对保尔的演出，评论界完全保持沉默，就像他在剧中的角色一样。不过多亏科克多，他奏响了自己演员生涯的序曲。如果说大家对他在理查德·鲍狄埃执导的影片《禁爱》中所演的角色印象不深的话，那么他在亨利-乔治·克鲁佐的影片《恶魔》中的表演，是谁也无法忘记的。

在二十世纪六十年代，他成了"戴单片眼镜的侦探"系列电影中大受民众喜爱的演员。一九七九年，他死在了舞台上，时年六十七岁。他完全可以在戏剧舞台上出色地诠释吉特里和阿努伊这类天才剧作家的作品。

而皮亚芙却深得媒体的宠爱。《玛丽安娜》《巴黎午报》《晚报》等报刊上刊登文章，向她的表演致敬，但"最好的服务，莫过于自己为自己服务"，让·科克多在《巴黎晚报》上写道，"在舞台上独自一人说半个小时，这是力量的表演。皮亚芙表演自如，如同杂技演员在吊架上跃身飞舞。"

《神圣的魔鬼》的担纲演员玛德莱娜·罗宾逊突然病倒。因为《冷漠的美男子》的成功，艾迪特有了胆量，主动提出要代替生病的女主角演出，但很快就打了退堂鼓。

如果说，她跟墨里斯一起出演的角色，需要的更多的是记忆的功夫而不是表现的能力，那么要她真的当戏剧演员，可就另当别论了。对她而言，戏剧已经结束了。一九五一年，她在ABC剧场演出了马塞尔·阿沙尔的音乐剧《小莉莉》，但该剧作者与科克多的诗才相比，差距实在很大，科克多曾经说过："利用舞台，成为戏剧演员，是为了传播诗歌和小说所不能表达的东西。"

皮亚芙到了图卢兹，与驻防在那里的保尔相见。由于患了严重的支气管炎，保尔几个星期后得以提前退役。让·科克多已在佩皮尼昂找到了避难所，两个人一起去那里跟他相会。科克多想的是："德国人要是能够越过马其诺防线，首先占领的就是巴黎。"

德国军队没有见识到马其诺防线，只用了三天时间便打垮了法国军队，他们在六月十四日已经开进了香榭丽舍大道。

法国人没有都加入世纪大逃亡，无论跑得多快，还是跑得多慢，面临的都是同样的命运，所以许多人留了下来，任命运摆布。

他们在紧闭的窗户后，看着帝国军队由乐队开道，在世界最美丽的大道上挺进。有的人在哭泣，大人都嘱咐孩子一定要把手藏好，藏进自己的衣袋里。

然而，一八七〇年间砍小孩子手的普鲁士枪骑兵已经不复存在，身穿黑衫的纳粹党卫队员后来才出现。不得惊吓当地居民！希姆莱的副手莱因哈德·海德里希当然想在巴黎驻扎下来，但他并没有扰乱贝当元帅得以维持的秩序。元帅在议会的帮助下，已将自己献身于法兰西①。

过了几天，由于没有发生什么事，香榭丽舍大道上也空荡荡的不见了人影，居民们数数沙丁鱼罐头，所剩无几，于是紧闭的窗户打开了，门也打开了。龙卷风过后的巴黎，原本会是一副惨不忍睹的模样。但事实并非如此，几乎没有或者少有几座房屋被毁，墙壁上没有一点血腥。

人们以为过不了多久，一切又会步入正轨，当然，阿尔萨斯和洛林是永远失去了，但那里的人讲一口奇怪的土话，到底是不是真正的法兰西人？再说，战俘一个个被释放回家了，法国人最终一定会重新获得荣誉和尊严。不过，出于安全考虑，首都的剧院、影院和音乐厅全都关了门。

---

① 德国人侵法国后，贝当元帅于1940年6月出任法国总理，并于6月22日与德国签署了停战协定。他于1940年7月起以84岁高龄出任国家元首，领导维希政府，奉行投降主义路线，成为德国的傀儡政府。——译注

不管怎么说，唱歌还为时过早，人们为了能吃饱肚子而开始犯愁！法国军队撤离军营时把什么都丢下了，包括罐头食品，于是军营前排起了长队。在等待实行食品配给制期间，德国人把一罐罐肉酱、格吕耶尔奶油和笑牛牌奶酪分发给饥饿的居民，希特勒的士兵把自己在地铁里的位置让给了年迈的妇人。德国人彬彬有礼的阶段虽然没有持续多久，但却让人健忘，忘却了一九一四年首都出现的那些普鲁士人。

法兰西被分隔为两个区域。巴黎人被困在了南部，而马赛人则在巴黎哀痛。

艾迪特到了图卢兹与坎内蒂见面，坎内蒂向来心智机敏，这次也不例外，他为她组织了一次巡演，所去的那一带，法国人还有心情来唱歌。七月六日，艾迪特到了佩皮尼昂的勒卡斯泰莱影剧院演出；七月二十四日，与保尔·墨里斯在图卢兹的特里亚农剧院同台表演；又与保尔于八月十七日、八月二十三日、八月三十一日和九月十五日，分别到了土伦的娱乐场、尼姆的勒科里塞剧院、纳博讷的赌场俱乐部和布里夫演出。马赛尔·卢伊吉成了她的新钢琴师。

九月十六日，她和保尔越过分界线，看到了灰蒙蒙一片的巴黎。对于这一色彩。他们很快便心生厌恶。回到当初卖艺的街头没过几天，皮亚芙便到了贝里街一家名叫"小鹰"的奢华夜总会唱歌。同台表演的有讲赶鸭笑话的罗贝尔·拉穆勒[1]和伊沃娜·巴雅克。然而，她真正重返舞台是在一九四〇年九月二

---

① 罗贝尔·拉穆勒（1920 - ），法国演员、编剧、电影导演，早年在各个夜总会表演自己创作的滑稽歌曲或故事，其中著名的有《猎鸭》。——译注

十八日，在普莱埃尔音乐厅，为她伴奏的是雅克·梅泰昂指挥的爵士乐队。ABC音乐厅是她步入巴黎音乐世界的地方，而普莱埃尔音乐厅则为她带来了音乐界的认可。

她在ABC演唱了《科雷克和雷吉耶》，这首歌唯有她才能演绎。她还唱了自己最爱的《手风琴家》和阿索为她创作的所有的歌。台下观众要求谢幕的掌声经久不息。她觉得《外籍军团的信号旗》在这艰难的岁月里可以鼓舞大家的爱国热忱。的确，这首歌观众要她唱了一遍又一遍。

演出的第二天，她在接受蓝色电台访问时说道："一开始，我在问自己，穿着一件管家婆的裙子在这个古典的殿堂里混什么呢，可后来，观众好像听我唱歌很高兴，我也很高兴，于是我便忘了自己是从哪儿来的。"

在演唱会上压轴的《外籍军团的信号旗》为她赚尽了喝彩声，然而，正是这喝彩声后来给她带来了一些麻烦，那是她去德国的法国战俘营巡演时发生的事。在普莱埃尔音乐厅听她唱过这首歌的德国军官警告她说，德国人跟法国人可不一样，忘性不那么重。

车子接她从柏林火车站去她下榻的旅馆，一路上多次抛锚，给她住的房间也是冰冷的，没有热水，天花板上的石灰掉落在形迹可疑的割绒地毯上。如此报复，无济于事，因为陪她巡演的著名乐队指挥家弗雷德·阿迪松提出把自己的房间给她住，她拒绝了房间，但接受了他睡的床。这次巡演前后延续了七个星期。

一九四四年二月，她再一次乘火车从巴黎火车东站启程，跟演员罗贝尔·达尔班去德国。天冷得可怕，浴室的水龙头被冻住了。莱因哈德·海德里希接见了她。他无疑希望她开口求他，求他为她自己和剧团提供方便。而她唯一担心的是法国劳工的命运，这些人正在德国佬的土地上无限期地服着劳役。

一九四二年，尽管俄罗斯的寒冷给帝国军队和加入纳粹队伍的欧洲志愿军以沉痛的教训，德国军队还是几乎占领着整个欧洲。

从此之后，在巴黎街道上相遇的不再是由腌酸菜喂大的粗壮小伙，而是党卫队黑色的幽灵。

"法国放弃了你们，请信任德国士兵。"宣传广告如是说。

信任谁呢？当然还有那家名叫"法国人对法国人说"①的电台，该电台宣传说会有好日子到来，播放着从维亚拉特②那里得到的消息，可人们对任何事都没有了把握。把肚子填饱成了挥之不去的顽念。

停战协定规定，占领军每日的费用由法国政府买单。那可是一大笔开销啊，足以让整个国家化为灰土，连菊芋都难以生长！得等到日本人偷袭珍珠港，罗斯福的美国人挨了炸，一丝摸得着的希望才出现在眼前。

在此期间，法国闹起了饥荒，出现了黑市。有些人勉强能吃饱肚子，有些人不幸患上了肺结核或坏血病。马塞尔·埃梅在《穿越巴黎》中形象地讲述了法兰西人在这些年月里所经受

----

① 1940 年，英国广播电台（BBC）专门为法国抵抗运动成员开设波段，即"伦敦广播电台"。该电台与当时德国人控制的巴黎广播电台和维希广播电台相抗衡，成为抵抗运动之声。——译注
② 亚历山大·维亚拉特（1901－1971），法国作家，当时为法国的战地记者。——译注

的噩梦。不过，从某种程度上说，事实并非如此残酷。作家塔列朗曾经写道："没有什么原则而言，有的是各种境况。"关键是境况又朝着什么方向发展？

一九四一年，皮亚芙在"大道"夜总会演出，《巴黎晚报》写道："她始终如此，哪怕处于声名的低潮，像一只无人保护的坠巢的小鸟，但当她时而抬起手臂做出卫护的姿态时，她的身形会不可抵挡地让人想起一只折翼的小鸟在勇敢地尽力拍打。"二月，她和墨里斯在博比诺登台，五月又到了欧罗巴人音乐厅和阿尔汉布拉音乐厅表演。六月份，她录制了《这是节日的一天》《这是位高贵的先生》《我与爱情同舞》和《我的朋友，你们在哪？》等歌曲。

保尔渐渐地离开歌舞剧场，慢慢地向戏剧靠拢。不过，若有皮亚芙的节目要他客串，他从来二话不说，怎么也可以挣个烟钱吧！

在让·德·利姆尔于一九三五年执导、根据维克托·玛格丽特的小说《任性的女人》改编的电影《假小子》中，皮亚芙曾经演唱过歌曲。到了一九四一年，电影界提供给她的已不再是配角了。她的名声已经相当大，有人请她出演乔治·拉孔布执导的《塞纳河上的蒙马尔特》中的女主角。

电影脚本的署名人为安德列·卡亚特，他原本是个律师，此时已经越来越远离律师这一行了。

跟皮亚芙一起出演的有让-路易·巴罗、亨利·维达尔和罗歇·迪歇纳等男星，还有丹尼丝·格雷和路易丝·西尔维两位女明星。当然，人们也给保尔安排了角色，这很正常！艾迪特经常提醒他，要真正献身于戏剧事业，就不要再唱那些乱七八糟的歌了。她尽力帮助保尔在影片中担任角色，这样一来也就成全了她常挂在嘴边的一句话："保尔是个电影演员。"

影片的音乐由玛格丽特·莫诺创作，这也再正常不过！理由很简单：这位年轻的姑娘已经在音乐界出了名。卡亚特无法想象他在杂志中所读到的一切，而艾迪特则想方设法成全了她。

"真不是个好演员。"墨里斯话中有话！

她随着莫诺的曲调，唱红了她创作的第一批歌曲：《你无处不在》《蓝蓝的一角》《我与爱情同舞》和《酒吧的男人》。

总而言之，这是一部全家出演的时尚大片，只有莫莫娜没有出现在片头字幕上，因为卡亚特怎么也无法在剧本中为她插上一个角色。

《塞纳河上的蒙马尔特》于一九四一年十月十九日在巴黎的"幽乡"影院首次公演。当时的媒体将艾迪特与亨利·维达尔扯在了一起，但这或许只是一道烟幕，想遮掩的真正人物是亨利·孔泰。

亨利·孔泰是一头外表看似柔弱的烈豹，他不由得不让人想起阿索和墨里斯。他也有其他男人都有的混账的一面！

保尔拿出嫉妒的好戏，"走一步，退两步"。很长的一段时间内，这是他最佳的角色。

孔泰是电影杂志记者，也是电影新闻专员。要引诱女人，他用不着枪骑兵的那一套，一般来说，这一套倒很适合皮亚芙。他用的是采蜜的法子，这一招的确巧妙，确实可以采到爱情之蜜。

他对皮亚芙呵护有加，给她送上用报纸包好的一束束鲜花，恭维她具有表演才华，一旦保尔比平常更为冷漠时，他还会抓紧时机，借肩膀给她依靠。

他还通过媒体，在稿件中传情达意，表达自己的温柔与虔诚。皮亚芙很不适应，谁也没有跟她玩过这一手。但对他漂亮的文笔，她赞叹不已，所有了解她的人都明白，这说明爱意已经悄悄产生。

"啊，要是他会写歌那该多好啊！"她心里想。

在这段时间里，她似乎有些萎靡不振，不再去"比多"酒吧，早早就回家睡觉，跟从剧院回来的保尔同床共枕。不过，她渐渐难以再忍受这种日子。

"孤独了？"墨里斯问，"莫莫娜呢？她不陪着你？"

她冲他回答道："除了看书的时候我从不孤独。"她转过身，不再搭理他。

亨利在众多的追求者中被选中。皮亚芙与他结识之后，便冷漠而又残忍地抛弃了其他人。

她甚至放弃了那些昙花一现的情事，比如跟钢琴家诺贝尔·葛朗兹贝尔，此君替代的是马塞尔·卢伊吉，而卢伊吉取代的是路易·迈特里耶。

爱情在悄声呼唤，可孔泰始终不愿去倾听、去理会、去感觉，尽管这份恋情是黑暗中的一束耀眼的亮光，为新生带来了芬芳。

皮亚芙怀疑他是同性恋，而事实是，他实在不愿意犯重婚罪！夏洛特·杜维娅是亨利的合法妻子。那是个小歌手，没有什么前途。

有一天，亨利怯生生地交给了艾迪特几首诗。

"很好。"她对他说。

"是你给了我灵感。"

"那太好了……"

她紧接着跟保尔·墨里斯去了马赛巡演。墨里斯尽管与皮亚芙已经分手，但要是她主动提出跟他幽会，他还是欣然接受。他们还去了尼斯、艾克斯-普罗旺斯、蒙特卡洛、日内瓦和阿纳马斯。

然而，跟墨里斯已经激情不再。人一旦分开，激情自然冷却。等皮亚芙回来后，孔泰已经为她写好了《曾经爱情旧事》《金发男子与棕发男子》和《心的故事》。他表白心迹了！

于是，他们偷偷相爱，对于向来喜欢男人也热爱自由的皮亚芙来说，这一步足够了。可当亨利好像对这一步也很适应时，她便变得嫉妒起来，让人难以忍受，活像只母老虎！

孔泰歌词里那字里行间所透露出的温婉尤其让皮亚芙感到不快。她说歌词写得太软，主题不突出，拒绝了他写的那些诗句。他像个受了惩罚的孩子，低下了脑袋。她帮他与一些作曲家见面，当然有布泰尔，还有卢伊吉。在艾迪特的公寓里，两个人久久地在一起切磋，这样，她还能独占他更长一些时间。

不过，她深信不疑，认为他能做得更好，要是他能继续与她一起干，那就更不用说了！

"你现在还不过是一颗流星，"她对他说，"我想要的可不是不疼不痒的东西，而是真正的撞击。"

后来，她又对他说："观众现在是喜欢你写的东西，但很快就会把它们忘记。一首歌应该是不朽的，就像那些书，你觉得是合上了，但它们永远翻开在你面前。"

自己动笔写歌词的念头一直折磨着她。她像雷蒙那样，口袋里总揣着一个小本本，脑子里一有什么好的词句和歌段就马上记下来。

她征求玛格丽特的建议。

"你能帮我在上面谱上曲吗？"

"当然，艾迪特，派什么用场呢？"

"唱歌用，傻瓜！"

"给谁唱呢？"

"当然是给我呀！"

"你要是通不过协会的考试，那是白唱！"

"什么破协会，"艾迪特回答道，"找个人帮我考过算了……"

"可是，艾迪特，谁也代替不了你！"

皮亚芙牢骚满腹，但最终还是屈从了，打开了词曲作者及音乐出版者协会出的试题信封，里面装的考题为《生命之歌》。一个月后，亦即在一九四四年二月，通过了两个小时的考试后，她终于成为词曲家协会成员。

后来，到了二十世纪五十年代，皮亚芙几乎拿遍了所有奖项，诸如多维尔奖、夏尔·克洛学院奖、音乐厅人气奖、唱片大奖等。其他考试，她后来再也没有去考过，除了一九四八年的那个作曲家考试。这可不是她的专长！

此后，莫诺细长白皙的手指只为艾迪特的歌词穿衣，那一首首歌曲成了放歌的红股。

和玛格丽特一起，皮亚芙创作了《这多么美好》《我不想再刷碗》等歌曲，又与卢伊吉创作了《这是个高贵的先生》和《流浪者》等歌曲，后来她把这些歌曲录制成了唱片。

写歌词，并不能填满她的心，只不过是她日常生活中多了一桩事而已。她的全部，是亨利。

过去，对那些早早就上床睡觉的男人，她是那么挑剔，如今，她又发现对同床共枕是多么渴望，每当亨利夜里起来要走，每当她听到他在过道里穿衣，以免吵醒她，每当她醒着，每当她紧紧抱着他想多腻上几分钟，她便对自己说："这是我生命中最痛苦的时刻。"

"亨利，必须作出选择了！"

他从未作过选择，仿佛嫉妒无法上他的心。"我当初走上迷途时把生命永远交给了一个女人，我亏欠她的太多了！你在比多酒吧下车？"

"是的，亨利，让我下车吧！你再也不要来了。"

第二天，他胳膊下夹着写好的诗，又来了，仿佛他什么也没听见，而她也紧紧地抱着他，仿佛什么也没说过。

这本来可以再持续一段时间，但她实在无法满足于这半夜的同床共枕，而她一旦想到另一半，这半夜自然也就给她糟蹋了。

"我们在相遇前就已经彼此不忠了。"她紧紧咬着枕头，心想。不管怎样，他们俩一直继续着这条路，直到有一天，一个被朋友称为"大嘴"的南方小伙为她唱了几首牛仔歌，她听了一点也不喜欢，可他有别的长处。

　　亨利满心酸楚，评价说："女人呀，就像猴子，在没有抓住另一根树枝前，绝不会丢开手中的这一枝！"

8. 伊沃，上来！

红磨坊是由两个生意人夏尔·齐杜与约瑟夫·奥莱共同创办的。它坐落在布朗谢广场，曾几何时，游人兴旺，胜过埃菲尔铁塔。米丝廷盖特在这儿演出过，伊薇特·吉尔贝在这儿唱过，迦本在这里表演歌舞起家，还有维维亚娜·罗曼斯——未来的电影明星，都在这儿开始了他们的演艺生涯。然而，它最出位的，是以放屁逗观众开心的艺人，他们出场时说着浑话："一个走红的艺人，放个屁是用不着付版权的！"

如同大多数歌舞剧场一样，上世纪二十年代，红磨坊成为影院，到一九四四年，它重新歌舞升平起来。第一场演出定于九月一日，由艾迪特·皮亚芙打头牌。演出中还将会有美国明星罗歇·邓恩，但此人却不一定能够指望得上。波莱特·洛特的名字也出现在了演员表上。九月份的前几天，邓恩突然无法出演，这可惹了乱子。经理想起了沙尔皮尼和布兰卡托的二重唱，然而两人最终放弃了，于是一个南方的年轻牛仔成了大家不得已的选择。

伊夫·蒙当本名伊沃·利维，父母是意大利移民，在他小时候为了躲避法西斯政权来到了法国。他在马赛市郊长大，一家子梦想着能够抵达新大陆的彼岸，可是手头缺钱，不得不在别处安顿下来。他有一个和睦的家庭，父亲是工人，母亲想方设法让三个孩子丰衣足食并接受良好的教育。

结束了学业，年轻的伊沃照着南方老传统打一些零工来补贴家用。一开始他在附近的酒吧唱歌，后来当过酒吧招待，做过服务员，在工厂打过工，在码头扛过包，也曾在理发店给他姐姐帮过忙。从小酒吧的咖啡后台到电影院幕间休息助个兴，他一路唱到了阿尔卡扎歌厅，那是法国南部一家了不得的歌厅，那儿的顾客是以难说话、爱起哄出名的。最后他来到了光明城市想试试运气，梦想一步登天。

　　谣传皮亚芙担心蒙当那与日俱增的名气，并不乐意与他同台。很难相信她会有如此想法。艺术造诣颇高的她，根本不必害怕一个小地方的明星。此外，她也从未看过利维表演，有什么好担忧的呢？他们发展的领域不同，高度也不同。对于蒙当来说，皮亚芙是如达米娅一类的能够破除忧伤的歌手。他丝毫不被这些出身于街头的现实主义女歌手所吸引。他，如同夏尔·特雷内的亲密伙伴约翰尼·埃斯所说，玩的是爵士乐。维希的媒体在《团簇报》上更是这样评价他："爵士乐，玩的就是颓废。"

　　那个年代，他深受美国文化的影响。他喜欢摩天大楼、哈林街区，爱甜美的金发女郎。是的，对金发女郎，他始终情有独钟。至于皮亚芙，她对这位原籍意大利的马赛歌手却了解甚少。

　　人们私下把他与费南代尔相比，说他虽没费南代尔那么滑稽，却更俊俏。他带着南方口音唱牛仔歌，穿着一身小牛倌的衣服，戴个夏尔·特雷内常戴的帽子，甚是别具一格。于是，她叮嘱经纪人奥迪弗雷在开演前一定要去看看他的表演。

　　"就算是礼节性的试演吧，"她说，"或者，就算是一场彩排!"

蒙当心想:"管它是不是出于礼貌,反正是来考我的!"然而他还是屈从了,红磨坊值得付出这个代价!还有另一种说法,传说有人劝诫皮亚芙:"不要在这家伙后头唱,他会毁了你。"

她反击道:"我倒要看看谁能毁我!"

然而,皮亚芙对于这场礼节性的试演或彩排似乎很中意。"的确,他的手臂挥得跟风车似的,"她私下说,"但起码,他有一双美丽的手。"正是这双手后来给了她灵感,写出一首歌,其中有一句唱道:"那双手陪伴她无数个早晨。"

先不说这些赞美之辞,最起码在他初展拳脚时别急着说。

根据蒙当与埃尔韦·阿蒙和帕特里克·罗特曼在《蒙当自话》(瑟伊出版社)中的访谈,皮亚芙那天或许跟他说过:"很多赞扬的话,确实很客气,也是由衷的。不过,她又补充道:'您是加拿大人不成?怎么操着一口奇怪的口音。'她接着还说:'我跟您讲,您眼下很红,这是因为人们对美国人有期待,但要小心了,这只是暂时的。'"

她建议蒙当换曲目。他有些不知所措。一个昨天还陌路的人,怎会如此直爽地同他说话,甚至连眼睛都不眨一下。

很快,他看到了皮亚芙上台演唱。这是他第一次看到在台上的皮亚芙。她尽可能地挨近听众,双眼凝视着大厅前排的观众,她仿佛熟识这每一张脸。他被深深吸引了,他原本认为再现实不过的这个女歌手原来也会演绎布鲁斯。

歌曲的每一个字眼都将他征服,他惊奇于自己竟然会爱上圆舞曲。皮亚芙随后邀请他同亨利·孔泰一起到烘饼磨坊后面的一家餐厅进餐，那家餐厅向来很热闹。亨利·孔泰一直记得这顿饭，餐桌上，蒙当很腼腆，笨手笨脚的，他跟皮亚芙聊起自己的过去，逗得皮亚芙十分开心。"我在热尔尼之家第一次唱歌时，让·梅尔莫兹请我到他的桌上去，他上的酒，我不得不喝一半洒一半。"她大笑着说道。

那一天，蒙当也不得不一起玩起嬉笑嘲弄的把戏。不过，他还是跟皮亚芙说了心里话，同她聊起他欢乐的童年，诉说亲人间的温情，讲述在大城市热闹胡同里玩的那些游戏，回忆起每到吃饭的点儿妈妈就在阳台喊他："伊沃，上来（monta）①！伊沃，上来（monta）！……"后来，在阿尔卡扎歌厅老板的提议下，他起了个法语化的名字，把姓改叫做蒙当，以纪念母亲的声声呼唤。

蒙当后来承认，他为艾迪特的魅力、真诚与亲切所折服，很快便坠入了情网。

然而，他不知该如何落脚。人们总跟他似有非有地说艾迪特和为她写歌词的那个男人有染，但议论艺人们的事可多了……他觉得最明智的还是跟善意待人的孔泰说说心里话。一九九七年十月在《唱盘》杂志（让-皮埃尔·帕斯加里尼笔录）的一篇采访录中，亨利·孔泰说："一九四四年，蒙当到了巴黎，走进了皮亚芙的生活，同样也走入了我的生活。"

"他跑来跟我说他与艾迪特的名字双双出现在圣马丁门大剧院的海报上。'亨利，我有件事要跟你说，我爱上了艾迪特。'我同他说这其实很明显，我早看出来了。""要反对很难。"孔泰补充道，"因为皮亚芙和我之间有过某种协议。我们互相爱慕，

---

① 原文为 monta，意大利语里为上来之意，译音接近蒙当（Montand）的姓氏。——译注

但我娶了歌手夏洛特·杜维娅为妻，这个女人，我欠她很多。所有一切都不容易啊！可幸福总是要付出代价的。"

"伊夫在巴黎迅速蹿红。在影院、星形剧场、蒙帕纳斯剧场，总能看到他同皮亚芙一起的身影，他迈出了成功的第一步。随后，他出演了人生的第一部电影，与他心爱的人在《无光的星星》中共同演出，这是决定性的一步。不久之后，他告诉我，因为'歌伴'演唱团的让-路易·若贝尔的出现，他与皮亚芙分手了。虽说皮亚芙总是如此，我仍不相信另一人的到来会为他们爱的旅程画上句号，事实上，应该是他们已到了同一张海报已经容不下两个人的大名的地步。"

"在我看来，与艾迪特在一起并没有让蒙当感到多么幸福，然而，谁又曾幸福过呢？艾迪特在关系开始之前总是如此的多情。在如愿成为她心仪的男人的情人之前总是要经历一番波折，尔后，她又寻思着另结新欢了。"

那时，皮亚芙不仅仅将蒙当拥在怀里，更是将他捧在手心。每天上午她都将他与钢琴伴奏关在房里，督促他们进行长时间的彩排。她还为他写了《她的眼睛》《大都市》《爵士狂》和《为何我如此爱她》等歌。

蒙当一向自负又易怒，听从这个只有一米四七的小个儿女人的指挥，一定让他有些受不了。不过，很快他便明白了那些常常近乎蛮横的建议给他带来的好处。有时他对艾迪特的抉择又有些反感。他接受了路路·加斯泰和让·吉戈的两首歌《月神园》和《好斗的乔》，但他坚持要唱由盲人钢琴家夏尔·于梅尔作曲、莫里斯·旺戴作词的《在西部的大平原上》。

有一件事是确定无疑的，那就是他们有着相同的野心，想在国王的餐桌上进餐。皮亚芙已然在那儿坐着了，只是没有尝遍所有佳肴，蒙当还在一旁的吧台边等候着空位的出现。

她极其慷慨，给新情人送礼物，专门为他写歌，还为他揽下不少好歌。有一次，亨利·孔泰在电话里为她朗读他刚为罗兰·热尔博写的歌词，她带着那种让人难以拒绝的坚定口吻说道："我请求你，亨利，算帮我一次，为伊夫留着这首歌。"此后，这位作词家养成了一个习惯，他有了作品就先推荐给皮亚芙，然后给蒙当过目。"如果他俩谁迟疑了，我就马上会怀疑我的歌词的质量。"他说。他给了他们那首《条纹坎肩》，歌曲喜中有悲，蒙当的演绎和歌唱都富有才情。

"蒙当有所不知，皮亚芙不允许我给他推荐一些美国式的呱呱叫的东西，"孔泰说，"她讨厌大平原，在她想来西部只是长满了仙人掌！她想要她的伊夫演绎出真实的故事，唱出触人心扉的调调……蒙当是西纳特拉[①]一类的多面艺人。他将每一首歌都看做一次挑战，就像后来他对待每一部电影一样。艾迪特挖掘着他的多重天赋。她对于独唱歌手和乐队主唱的角色投入相同的热情。有一次她跟我说，要是她嗓子坏了，她就开办一个培养艺人的学校。'你提携的从来都是你的情人。'我对她说。她马上回了我一句：'我的心可没有止境！'"

一九四四年八月二十六日，戴高乐将军走在香榭丽舍大道上，噩梦结束了。八月十九日那天，巴黎起义。城里堆起了可笑的街垒，不论怎样，德国人滚蛋了……勒克莱尔师抵达首都

---

① 弗兰克·西纳特拉（1915–1998），美国歌手、演员，其演艺生涯丰富多彩，被誉为"二十世纪最伟大的流行歌手"。——译注

的各个城门，巴黎并未遭受毁坏。肃清委员会成立，到了该算账的时候了。然而，清算过程中人们的遭遇却不尽相同。戏剧演员、抒情诗人和演唱家被一一提去审问。

皮亚芙也跟当时很多歌手，如莫里斯·舍瓦利耶一样，受到了审问，可莫里斯·舍瓦利耶曾唱过《巴黎之花》，那是一首由莫里斯·旺戴和亨利·布泰尔所作的解放颂歌。皮亚芙被指责到德国巡唱，可她去德国巡唱只是个借口，目的是去探访被俘虏的法国人，给他们以心灵的慰藉。她还在一九四四年二月冒着炮火去柏林，在工厂车间演唱，那儿聚满了期盼回法国的被强制劳役的流放犯。其实，是有人嫉妒她在法国被占领区的名声同样那么大。

如同舍瓦利耶、马里亚诺、吕西安娜·布瓦耶、乌尔默、布尔维勒还有其他一些艺人所说，总不能所有人都在伦敦广播电台工作吧！阿列蒂被监禁了几日，出狱后，有人问她感觉如何，她回答道："我可没太能扛得住……"

艾迪特提供了证据，证明她为那些被拘押在德国的法国士兵逃生提供过帮助。她的犹太朋友诺贝尔·葛朗兹贝尔和米歇尔·埃梅尔也作证，说她在危急关头提供了不少救助。旧的一页终于翻过去了。

解放伊始，虽说这一时期还不阔绰，不是总能填得饱肚子，但今后总算能唱自己想唱的歌了。在法国南部的里昂、土伦和马赛巡回演出后，蒙当回到家乡。本应是享受欢呼的时候，却有人嘲讽般地将小钱扔上舞台，落在他的脚边。

他忘不了在马赛大麻地街区中心娱乐场的那场演出，当他开始唱《索菲小姐》时，台下观众嬉笑着，接着更是和着"扑啦啦，踏啦啦"的曲调，起哄要求唱那首《在西部的大平原上》，而这首歌他早就弃之不唱了，出于高傲，他坚决不肯唱。

皮亚芙负责他的新曲目，对于演唱会出现这样的局面感到很苦恼。《普罗旺斯人》日报在第二天写道："蒙当已经开始遗忘牛仔与潘帕斯草原了。"

然而，他毫不让步，固守着他的那点尊严。"不，不，他一点也不后悔。"回去再唱旧曲目没有任何意义。但如果说谁应该回家看看，那倒应该是他们俩，他们俩如果不这样做，别人便会取而代之，他心里想。

"艾迪特，我介绍家人和你认识吧！"

这位利维族人笑着恳切地说。艾迪特一阵狂喜。

"如果我有一个跟你一样的家庭，我永远都不会悲伤！"她说。

当敞篷轿车出现时，整个街区的人都挤在窗边看。他们都知道伊沃在巴黎唱歌，但从不相信小报上写的东西，不相信他跟皮亚芙"常在一起"。然而这是真的，她确确实实在这里，他不仅认识她，而且将她带回了家。这一刻虽没有解放日那样普天同庆，但对于桑树街的居民，在加布塞勒的平民街区里，这完全是一桩荣耀的大事。

这一天，艾迪特认识了让-路易·利维，让-路易·利维不久后成了她的电影经纪人。他也是蒙当与卡罗尔·阿米耶尔在一九八八年生的儿子瓦朗坦的教父。

她也遇见了伊夫的大姐莉迪雅，在弟弟跟艾迪特分手后，她跟艾迪特的友谊依旧。这次同利维家族的见面如同一场订婚仪式。虽说艾迪特没有完全明白这其中的意义，但伊夫已向姐姐吐露，他很想有一天娶艾迪特为妻。这让大家都很开心。

晚上，敞篷轿车又来把他们接走了。他们从未像这次一样形如夫妻。

马塞尔·布利斯坦的电影《无光的星星》在一九四五年七月三十日开拍，四个月后收工。艾迪特为主演，伊夫同样也在其中演出，但角色的分量却大大不同！她事先向电影投资人介绍蒙当，也在圣日耳曼大道六十五号的梅菲尔咖啡厅向媒体作了宣传。然而这仍远远不够，她希望蒙当为人们所熟知，闻名于世。她带着蒙当去结识那些在巴黎鼎鼎有名的人物，其中就有科克多。

《无光的星星》是蒙当拍摄的第一部电影，那份艰苦让他印象深刻。或许，他梦想拍摄的是西部片？电影棚里冷冰冰的，既没有露天营地，也没有牲畜栏。在那儿，如果导演不给出信号，演员可一个字儿也不能说。他的角色是添加进去的。布利斯坦也别无他法。没了他，皮亚芙的大家庭可就不完整了。玛格丽特·莫诺和亨利·孔泰为影片创作主题曲，居伊·卢伊巴尔制作电影配乐。

影片的演员阵容是华丽的：马塞尔·埃朗、朱尔·贝里、塞尔日·雷贾尼、科莱特·布罗塞和保罗·弗朗克尔都有出演。不久之后，斯坦利·多南在《雨中曲》一片中继续了该片的主题。最具有创意的思想往往汲取的是同一源泉！故事讲述的是一位女明星，由于声音拙劣，找来一位拥有梦幻般嗓音的无名女子来配音，故事的结尾，这位女子又默默无闻地回到她的女仆房里。可悲啊！多南原来为戴比·雷诺兹设计的结局要更轻快一些。皮亚芙在幕后唱了数首歌，包括《海盗之歌》《永别了我的心》和《妙不可言》。除了电影宣传所用的一张照片，《无光的星星》没留下任何痕迹。

照片上，微笑着的艾迪特坐着一辆敞篷车，挽着同样容光焕发的蒙当。他们是那样悦目、那样年轻、那样爱意浓浓，这一画面让人感受到了他们的幸福，折射着他们的故事。结束了这场电影拍摄，艾迪特继续她的歌唱事业，越来越频繁地弹起一段段萦绕在脑海中的不完整的旋律。常有一些寻找别具一格歌曲的艺人来她这儿求歌。

一九四二年，马利亚娜·米歇尔曾在她的马赛夜总会接待过艾迪特，当时，艾迪特在这家夜总会进行一周巡演。和很多作词家一样，皮亚芙常拿桌布的一角打草稿。每次用餐结束时，总有借口最后干一杯，而这一杯总让她灵感涌现。比如艾蒂安·罗达-吉尔①，他常常在桌布上写上密密麻麻的东西，最后画上一颗星星，以此来结账。那天艾迪特给了马利亚娜一首关于玫瑰的四行小诗。亨利·孔泰说他一定要把人生变成玫瑰。

《玫瑰人生》后来成为皮亚芙在国外最流行的代表作，但当时却没有马上得到她周边朋友的认可。玛格丽特·莫诺认为其歌词幼稚，旋律拖沓。问题是歌词怎么也得有个作者的署名，可是皮亚芙到一九四八年才拿到了她的词曲家资格文凭。曾经为《这是个爱情故事》作曲的让·雅尔也没有给她机会。他说："艾迪特，这几年你拒绝了我推荐给你的所有歌曲，你总不会真的要我给这烂东西署名吧！"最后，卢伊吉答应署名。想到从前皮亚芙脑中的旋律通常是通过他的谱曲来实现，他很爽快就答

---

① 艾蒂安·罗达-吉尔（1941－2004），法国歌词作者，电影编剧。——译注

应了。

总之，这首独一无二的歌曲当时很有争议，最后以"艾迪特·乔瓦娜·加雄作词、马塞尔·卢伊吉作曲"的署名载入了词曲作者及音乐出版者协会的曲目。

在一九四五年九月十四日到十月四日期间，皮亚芙都在星形剧场演出。如果她有新钢琴家伴奏演唱，蒙当便不再在那儿上演开场小戏预热舞台了。那时，莫里斯·舍瓦利耶常来为她鼓掌叫好。

十月五日，伊夫接替表演。他一人独唱十四首歌，堪称完美的演出！艾迪特在后台紧张地握紧双拳。她同伊夫与钢琴家兼编曲居伊·卢伊巴尔有过很多的合作，这是他们相遇以来第一次分别出现在海报上，她希望这一必要的距离能带来成功。

他们选择了气势恢宏的音乐厅，从前叫"瓦格拉姆娱乐场"，即现在的星形剧场。该厅是一九二八年在一个老车库的基础上建造起来的，最先被用于表演轻歌剧，逐渐衰败，解放时，成了展现法国音乐的最高舞台。后来成为博比诺音乐厅经理的菲利克斯·维特利，是当时音乐厅的经理。

大厅很漂亮，全都翻新过，剧场入口富丽堂皇，一道拱廊，连着瓦格拉姆大道。演出的开场非常简短，接着蒙当来了一段个人秀，独唱音乐会开始了。《好斗的乔》《她有》《月神园》《我的孩子》《条纹坎肩》《这位先生》《大都市》《爵士狂》《林荫大道》都被列入演出曲目。所有歌曲都是在他原先演唱会曲目中精挑细选出来的。选曲很难，皮亚芙不顾自己的巡回演出，每日都待在他身边一起讨论。

成功眷顾了这位富有才华的艺人，他与女伴共同的严谨态度、付出的努力与天赐的才能都没有白费。

他在星形剧场演唱七周，门票售罄。承办机构老板维特利表示想延长这梦幻般的演出，然而他还得遵从安排好的节目行程。蒙当继续他在阿尔汉布拉音乐厅的演出。一直以来对这位既不写词也不作曲的艺人的表演抱轻蔑态度的评论文章都笔锋一转，开始承认他与众不同的演艺才华。马克斯·法瓦勒里在一九四五年十月的《南方邮报》上写道："毫无疑问，蒙当是自夏尔·特雷内以来在音乐厅演出的最出色的歌手。"

有人看见在星形剧场演出后，伊夫将艾迪特拥在怀里，有人说他紧紧抱着她，对她低声耳语："谢谢，这一切都是你给予的。"的确，他欠她许多，这是事实。他们初遇时，蒙当只不过是个有着漂亮双手的小牛仔！是她更换了他的曲目，改变了他在舞台上的走位与动作，要知道，从前他跟纠缠着风车的堂吉诃德没有区别，是她将他引荐给那些巴黎名流、作家、诗人，她甚至去向马塞尔·卡尔内求情，让他代替迦本出演电影《夜之门》，她还为他去同玛琳·黛德丽①讲和。

不过，当有人写道，伊夫是皮亚芙一手造就的时候，伊夫说："她做的不止这些，她爱过我。"

蒙当拥有坚强的毅力、不变的恒心、出众的才华与独特的表现力，她只发展了他的这些上天的馈赠，并没有创造它。他缺少的只是一个能识别他、一个能赋予他爱情力量的人，是艾迪特令他将这一切都爆发出来。

---

① 玛琳·黛德丽（1901－1992），德裔美国歌手及演员，是美国影坛上可与葛丽泰·嘉宝和凯瑟琳·赫本相提并论的影星。——译注

她加快了他成名的步伐，为他赢得了几年时间。她把自己头顶上的聚光灯让给他，让他成为公众瞩目的焦点。她后来离开蒙当是因为他也变得太伟大了。他很难理解，她抢先离开他，仅仅是为了减轻日后的痛苦。"两个还在相爱的人，要离开，实在需要很大的勇气。"皮亚芙私下对吉特坦露说。

一九四五年十二月十九日，皮亚芙到了三十岁。蒙当仍然还在那儿，但两人开始渐渐疏离了，虽有共同的职业，却再也没有走近。她去了外省，进行一个又一个盛大演出。等她回来时，他们虽试图彼此靠近，却再也没能走到一起。

9. 在百老汇的成功与邂逅

　　一九四五年二月十二日，加雄的妻子即艾迪特的母亲（原名安妮塔·马亚尔的莉娜·马尔萨）过世了。皮亚芙总是怨恨在晚上害怕幽灵时母亲不在身边，平时连一个吻都吝啬给，让她为此一辈子痛苦。她还怨恨母亲将她送到一个酒鬼那儿调教。后来，艾迪特害怕母亲讹诈，挥霍无度，于是每年给母亲支付一笔年金养老，但拒绝同她见面。她们之间从来没有过母女亲情。

　　皮亚芙独自寻找着爱情。有时她会犯错，但她从不勉强自己。一九四五年，她结识了三个陪伴她终身的朋友。罗贝尔·肖维尼代替了投奔古典音乐的钢琴家乔治·巴托莱，参与了她后来的每一次巡回演出和每一场演唱会。很多好歌的曲子都是他专为她创作的，比如《一段副歌在路上跑》《是你眼神惹的祸》《是他》《从早到晚》《为我歌唱》等等。
　　马克·博内尔不懂得普通乐理，却有着超群的音乐记忆力，后来成了她的手风琴伴奏。她的经纪人路易·巴里耶，绰号"路路"，帮她组织巡回演出、讨论合同，并对钱袋子常常大开的皮亚芙加以约束，束紧她的钱袋！

　　除了这三个火枪手，罗兰·阿韦利斯也曾跟她交往甚密，此人绰号"无名歌手"，后来被称为"全能人"和"笑星"。

"他是能驱散我莫名忧伤的阳光。"皮亚芙说。在与"歌伴"演唱团一起巡回演出期间,她遇上了夏尔·阿兹纳伍尔。那个时候,萨努尔·瓦莱纳·阿兹纳维提里安①和他的伙伴皮埃尔·罗什一起演出。这对组合并没有很受欢迎,他们只是在影院的放映间歇表演些助兴节目。皮亚芙说夏尔的嗓音很特别,但她更被夏尔的好脾气与多才多艺所诱惑。说真的,那个时候,皮亚芙总能有惊人之举。夏尔很快便成了她不可缺少的人。"他就是一把瑞士军刀,"皮亚芙惊叹道,"各样刀他都齐全,甚至我们一辈子也用不着的刀他也有!"

他们有着共同的过去:饱受过饥饿,在毕加尔的酒吧卖过唱。她同这个被她叫做"小笨蛋"的男人的友谊很快便不可撼动。

一九五〇年,当皮亚芙第二次赴纽约时,他也随同去了。马克·博内尔问道:"夏尔去纽约?他能做什么呢?"

"我怎么知道?"艾迪特回答说,"他什么都会干,他无所不能。"

事实上,夏尔总能很快地做完别人迟迟完不成的事。他帮忙调整照明,临时充当演出监制、秘书,有时还得跑跑腿,在皮亚芙感到寂寞的时候借个肩膀给她靠。他为她写了法语版的《耶洗别》,这首由弗朗基·莱内演唱的歌曲在当时非常流行。他还写了《比你的眼睛更蓝》和《我恨星期天》,后一首的歌词,皮亚芙没有采用。于是夏尔把它推荐给朱丽叶·格雷科,

---

① 萨努尔·瓦莱纳·阿兹纳维提里安,亚美尼亚裔法国著名歌手夏尔·阿兹纳伍尔的原名。——译注

后者将其录制出来，还在多维尔法语歌曲比赛中获胜了。皮亚芙是出了名的出尔反尔，心直口快，而且，盛怒之下，她会痛骂阿兹纳伍尔，骂他是混蛋！"这么美的歌，你怎么能给了那个鼻子比你的还大、信奉存在主义的女人？"她责问道。

于是，她自己也录制了这首歌，她要格雷科看看，该怎么唱这首歌。

这样的事情不久后再次发生。夏尔写了《我喝了酒》，让艾迪特推荐给蒙当，一开始她答应了，随后却没有了下文。后来，萨努尔推荐给了乔治·乌尔默，乔治·乌尔默录了歌曲，得到了唱片大奖。

虽然皮亚芙一次次发火，一次次骂夏尔"混蛋"，但她仍邀请夏尔和罗什参加她在列日与瑞士的巡回演出。

"我这是为了避免你再做蠢事！"

之后，皮埃尔·罗什与皮亚芙保持了一定距离，但夏尔仍常常同女歌手的朋友和合作者一起出入她在贝里街的家。他们卷起地毯、推开桌子围在钢琴旁，喝着美酒，跳舞嬉闹直到黎明，总惹得邻居很生气。

一九四六年三月，皮亚芙去了德国，在法军占领的城市进行巡回演出，"歌伴"演唱团也一起同行。

当她听了巴登·鲍威尔（童子军运动的发起者，而非巴西音乐家）那七个年轻门徒的演唱后，她极其兴奋。不久，保尔·比索诺和马克·埃朗也加入了进来，七人组合成了九人组合。他们一定会有篝火般旺盛的人气，她想。她对他们满怀期待，向他们推荐了瑞士音乐家让·维拉尔的一首《三口大钟》。

让·维拉尔的另一名字吉尔更为人所知，"吉尔与于连"这个二重唱组合在战前非常出名。

一开始，他们拒绝了这一作品，但当皮亚芙提议和他们一同演唱时，他们终于接受了。皮亚芙刚刚离开宝丽金唱片公司，签约哥伦比亚，于是百代-马尔科尼唱片公司便在位于阿尔贝尔街的录音室录制了这首歌①。《三口大钟》传遍了全球，行销数百万张，科克多评价道："这是金与铜的混合体，中间含的是玛瑙。"后来，不管皮亚芙说什么，这几个大男孩都会言听计从。

"歌伴"歌唱团中的独唱弗雷德·梅拉回忆说："皮亚芙简直就是我们的'发动机'，她为我们在法国的发展提供了可能，更开启了我们走向世界的门户。她对我们的影响非常大，她帮助过我们，给过我们建议，说服我们唱原本不打算接的《三口大钟》。这首歌被译成了英语、德语、俄语、意大利语、西班牙语，引领着我们前进。它还被很多最顶尖的歌唱家演绎过，其中包括弗兰克·西纳特拉。我们相识以来，她为我们的事业操了很多心。那是在法兰西喜剧院，在一次为铁路工人举办的盛大演出上，她对我们说她希望我们能在一起工作。因为我们的签约都还没到期，所以等了一段时间，但随后，一切都来得太快了。"

在皮亚芙的艺术激情一次次涨落的前后，总是会有个男人。

---

① 1930 年，英国哥伦比亚唱片公司收购了法国百代公司的唱片生产部门即百代-马尔科尼唱片公司。1931 年，英国留声机公司在兼并了英国哥伦比亚唱片公司之后，组成了英国电气音乐实业有限公司（Electric&Musical Industries Ltd. 简称 EMI），百代-马尔科尼唱片公司亦成为其旗下公司。——译注

这一次，这个男人叫让-路易·若贝尔。与以往的一样，他比她高出三十厘米。皮亚芙喜欢她的恋人在她面前跪着抱她的感觉。令她心安的是，他不像他的前一任，被野心所吞噬。

与蒙当的组合，是喷薄而出的激情；但跟若贝尔一起，却有种"长在崖石上"的甘菊散发的令人心宁的芬芳！

科克多无疑为这几个用心唱歌、充满魄力的年轻男人所动，他写道："皮亚芙女士是世上独一无二的。同样独一无二的还有这些年轻小伙子的合唱组合，奇妙的是，这两种独一无二完美地结合在了一起！"这个组合所表现的非同一般的独特性，比我们所能想象的还更奇妙。依一个组合的力量来支撑这位纤纤女子，不过是一种想象而已。人们很快便发现，她才是坚挺的橡树桩、坚硬的磐石，而他们只是那潺潺流水的低吟。

两年来，皮亚芙与"歌伴"演唱团一起经营着事业。她跟这些小伙子走向世界各地，演唱了很多歌曲，并且第一次启用了无乐器伴奏的乐队，在马克·埃朗的设计下只用和声来伴唱，引领的往往是洪亮的男高音弗雷德·梅拉。一九四六年四月间，皮亚芙与他们在法国各地进行巡演，随后又去了欧洲各国——瑞典、挪威、意大利、葡萄牙，还去了埃及，那里的法语社区的居民对他们热情欢呼。其他日程也被一一安排，但实在太满了，"路路"有些担忧：原本不愿与蒙当共享一张海报的她难道要成为这个组合的一员不成！

在挪威演出期间，一个她意想不到也注意不到的人走进了她的生活，此人就是吉内特·里歇尔。吉内特很快便有了个绰号叫"吉努"，被演唱团的居伊·布吉翁带走，她也很快被这友好的团队所接纳。在帮艾迪特卷过一次头发后，她们成了知己。她陪伴着皮亚芙直到最后的日子，她是皮亚芙忠诚的朋友，她们一起说些私房话，一起嬉闹大笑。"吉努"应该算是皮亚芙亲近的人当中阳光的一面，而西蒙娜与她相比则是阴郁的一角。

不久前，"吉努"接受了我们的采访，被问及关于西蒙娜·贝尔托的书《皮亚芙》以及其他关于歌手生平的书籍时，她对我们说：

爱皮亚芙的人是不会喜欢这些书的，一定不会。了解她的人是不可能说出像书里写的这些事的。

我无疑是她周边最谨慎、最忧心的人。我了解很多事，人们私下议论，与其刺激我的回忆，不如把我忘了为好。

我从来就不是艾迪特的员工，不拿工资，不计报酬，对她的勇气与忠诚来源于我纯粹的感情。我不是歌手，不写歌，也不是艺人。我所做的一切仅仅是为了皮亚芙，这再清楚不过了。真正爱她的人会爱看我的书，那里面看得到我对她的一片真诚与爱心。跟她在一起很开心，看到她跟我一起时开心，我也很开心。我们是真正的知己。

我很容易被艾迪特的朋友圈所接纳，因为他们知道只要好好跟艾迪特相处就不用担心我。我从来都不爱出风头，只要一看见相机，我便很快躲闪到后面，从不往前站。

要说演出，领衔的当然是皮亚芙，但有时出演，在高低的安排上也会出险情。为了让大家看起来一样高而特别放置的小台，有时却让皮亚芙显得更矮了。

巴里耶为她计划巴黎的返回演出，她将于十月份在星形剧场举办一场个人演唱会。最后，"歌伴"演唱团作为嘉宾同台献唱。这一年，她在演艺生涯中第一次出现了过劳的迹象。十月二十八日，她突然失声，不得不放弃演唱。十一月十一日她取消了上午的演出。不久后，她的视力出现了问题，看了眼科医生，但拒绝戴眼镜。

她随后写信给雅克·布尔雅。她同他从来没断过书信往来，"……对我的身心，有的是解救的好办法。"她说她太爱让-路易·若贝尔了，如她所写的那样，他正是她喜欢的类型。"我再也不愿喝酒了，再也不愿别人起床我睡觉了。既然从此之后命运就在我的床上，为什么还要去酒吧混呢？"

路路一直想把她跟"歌伴"分开，于是安排她单独去希腊演出。在那儿，她遇见了塔基斯·梅涅拉斯，一个很有名气的希腊喜剧演员。他不断地送她花和礼物，还向她求婚。在给布尔雅的信中，她说一定会坚持到底，无愧于人，其他便没有细写。回到法国后，巴里耶让她去美国进行一次巡演，没准能从纽约到波士顿一直唱到费城。但她犹豫了。她会像莫里斯·舍瓦利耶、蒂诺·罗西、"法国行吟诗人"让·萨布隆那样征服新大陆吗？还是满足已有的名声为好？不过，她的冒险精神最终还是占了上风。

十月九日，她和她的团队坐上了"玛丽王后"号。除了

"歌伴"演唱团、米歇尔·埃梅尔、马克·博内尔、罗贝尔·肖维尼外，同行的还有莫莫娜和伊雷娜·德·特雷贝尔，伊雷娜·德·特雷贝尔曾是法国迷恋爵士乐的青年的灵感女神，也是指挥家雷蒙·勒格朗的灵感女神。

弗雷德·梅拉回忆道："一个名叫克利福德·费希尔的美国经纪人无论如何都想请皮亚芙去美国演出。她接受了，但要求带我们一同前往。他不同意，但艾迪特坚持自己的立场。一年之后，费希尔厌倦了双方的战争，最后同意了。这是皮亚芙第一次去美国，我们也是。"

克利福德·费希尔在大使宾馆为皮亚芙预定了一间豪华套房。十月十七日，她没躲过那场回避不了的新闻发布会。记者们同她谈到格里高利·派克希望同她见面。她表示更想认识阿尔伯特·爱因斯坦，她说相对论令她着迷。第二天，新闻稿的大标题为："只有法国人才能理解不解之论！"

演出被安排在三十日在纽约剧院举行，洛乌·福曼为乐队指挥，希腊舞蹈演员莱达·阿尔玛和扬尼·弗勒里拉开演出序幕。"歌伴"演唱团成了美国之星，第二时段留给了皮亚芙尽情发挥。

观众特别欣赏这些双腿挺立的男歌手，让人回想起大西部时代的风格，雄浑而富有旋律感。演出后，观众用美国方式对他们表示谢意，口哨声格外响亮。皮亚芙仍像以前一样怯场，踩着以前一样的小步子，穿着以前总穿的黑色连衣裙。她望着观众，仿佛要把他们揣到自己兜里，然后开始用她那叫人心碎的嗓音歌唱，歌声掩盖了她的脆弱。一般在这个时候总会发生些什么，这条美人蛇会将鸟儿们迷住。然而在这一天，鸟儿们却没有让这一幕发生，他们只是围着蛇转，被迷住的场面没有出现。

他们无疑是在等待别的东西，等待一个更轻盈、更巴黎、更性感，而且应该更令人愉快的尤物。她的新闻发布会没有成功，她关于爱因斯坦的论调只博得人们一笑，却没有在报纸上占多大的版面。她看到了眼前的困难，观众并不上钩，只是对于远道而来的客人表示感谢，礼貌性地鼓掌而已。皮亚芙仍在那儿唱了六周，她把这归功于"歌伴"演唱团。

这完全和观众合不上拍。他们是来见识"欢快的巴黎"的，但发现的只是郊区的湿滑路面。

她十分懊恼、绝望，整理好手提行李箱又打开，想起合约不得不履行。她承认自己无能，她的美国经纪人无能。"该死的克利福德！"他应该多多地煽动媒体，选一个不那么阴暗的场馆。她对莫莫娜说："我们像当初在美丽城一样，遇到不愉快的事情就找条街道去卖唱。"伊雷娜·德·特雷贝尔提醒道："这里的街长得有三千号。""那又怎么样？"皮亚芙反问道。

她们发现这儿的街道那么长，却少有酒吧。曼哈顿就是这枯燥世界里的一个敲钹声。如此不友好的环境使她们来到了位于第四十二街的中央车站里的生蚝酒吧。她们在这儿喝着加利福尼亚白葡萄酒，咀嚼着在嘴里挣扎的软体动物。

当她们回到旅馆，皮亚芙发觉人们根本就不看她，为此她在床上哭了好长时间。莫莫娜送了她最后一句话："开端如此不顺，你根本继续不下去！"

第二天，维吉尔·汤姆逊，一位正当红的纽约评论家这样写道："如果就这样让皮亚芙走了，美国人只能证明自己的无能与愚蠢。"

克利福德·费希尔恍然大悟，他连敲了三下脑门儿。怎么能在一场演出中将希腊舞者、童子军小伙儿和只用法语唱歌的布鲁斯女歌手混在一起呢？

他赶忙叫了一辆黄黑相间的的士朝百老汇飞驰而去，罗斯菲尔德在那儿经营着一家叫"凡尔赛"的俱乐部。"罗斯，帮帮这个小个儿法国女歌手吧，她在剧场伤透了心，你一定不会后悔的。"

"我倒是愿意做一些善事，"罗斯菲尔德回答他说，"但要是亏了钱得由你负责！"

他们拍拍手又拍拍背，确认上衣里面没有藏着手枪。

艾迪特后来说她"喜欢美国人"，还说"克利福德也没有看起来那么笨"。她不像剧场司仪翻译她的歌曲时那样夸张，而是用充满魅力的嗓音介绍自己的歌曲，并将其中两首译成了英语：《玫瑰人生》翻译成了"Take Me To Your Heart"，而《我不知道如何结束》翻译成了"My Lost Melody"。

二月十四日，凡尔赛俱乐部的大厅里挤满了观众，其中有约瑟芬·巴克尔、葛丽泰·嘉宝、演员约翰·加菲尔德、玛琳·黛德丽和马塞尔·塞尔当。

就这样，她终于在美国佬的土地上取得了似乎总躲着她的成功。皮亚芙在百老汇的这个俱乐部一连演出八周。克利福德与罗斯菲尔德高兴得相互道谢。

正是在那个时期，玛琳·黛德丽与艾迪特结成了终生的好朋友。在凡尔赛俱乐部演出的第一天，玛琳就送给她一个镶嵌了绿宝石的金十字架，她直到去世都没有摘下来过。

如果说在凡尔赛俱乐部的演出是晴朗一片，那么她的感情天地却总会出现震荡区。她不会因此失而复得，也没有在这路上停止脚步。在那档叫做"皮亚芙的情人们"的电视节目中，她透露她爱过一个美国演员，叫约翰·加菲尔德；后来通过雅克·皮尔斯的介绍，她又结识了马塞尔·塞尔当。雅克·皮尔斯当时已经跟吕西安娜·布瓦耶结婚。

那么，"歌伴"演唱团的伟大的让-路易呢？

与他的组合在迈阿密演出后，他为他的情人带回了一件海狸皮大衣，并向她表明了心迹："我们结婚吧！"

皮亚芙对此似乎并不知晓，但也没有出来辟谣。她还是参与了塞尔当对阵拉迪克的胜利之战。第二天，一群记者却将她和约翰·加菲尔德堵在一家餐厅里。以一曲《邮递员总是两次按门铃》而让世人难忘的男演员从厨房逃之夭夭，而这位已经走进了纽约人民生活的女歌手，却像是要登台演出，不紧不慢地穿上她的新大衣，从正门大大方方地走出餐厅。人们当然不会鼓掌要她回来！

10. 斗士时代

凡尔赛俱乐部，艾迪特大获成功。一九四九年十月七日，《费加罗报》刊登了标题文章："在纽约，美国巨星们夜夜为她喝彩，她打破了所有演出收入的纪录。要想走进第五十号大街的那家夜总会，得提前八天预订位置。"

皮亚芙并非绝色倾城，却总能让观众和她身边的人为之倾倒，而她却一度抑制着自己对爱情的极度渴望。那个了解厨房胜于餐厅大堂的美国明星退场了。永别了，"歌伴"的领头人，他曾将《塔之囚》演绎得如此动听。"古罗马的斗士"已经登场！昨日的求婚者们依稀散去，没有人想和他赛上哪怕是一个回合。

后来让-路易·若贝尔透露说，当初蒙当得知他和艾迪特的私情时，简直想砸烂他的脑袋，而如今他却片刻也没想过干同样的事情。自从塞尔当赢得了他的美人的心，他就已经作好公平竞争和谨慎行事的准备。谨慎指使着他的行动！

故事在悄悄地进行。马塞尔可是有妇之夫，大家都是共犯，谁都难逃其咎！塞尔当邀请艾迪特去了一家购物中心里的餐厅，空着肚子可没法谈情说爱。他们坐在令人不适的凳子上草草地吃了一顿，然后他又带她去了纽约的一家更大的饭店。一个晚上两顿饭，对艾迪特来说太多了！

这架"摩洛哥轰炸机"其实是个爱看连环画的天真男人。

他在美丽城南部的西迪-贝利-阿贝斯街一带长大。他们俩说同一种语言，不过通常却一句话也不说，因为在昏暗的光影中手牵着手，一切已尽在不言中。他们接近人的方式相同：有些人他们喜欢，有些人他们不喜欢。直觉决定一切。还没等他们弄清是怎么回事，钱就进了他们的腰包。他们知道，钱同样也会无缘无故地消散殆尽。在他们看来，这并不重要。

马塞尔定期给妻子马里内特·洛佩兹汇钱，他们是一九四三年一月二十三日结的婚。需要汇钱时，他就委托经纪人吕西安·鲁普去办，鲁普把钱数记在一个小记事本上，那上面记载着他的一切事宜，比如塞尔当打出的勾拳数量、他挨的上勾拳数量等等。

皮亚芙就靠达那伊得斯们①的酒桶过日子。当她或她周围的某个人有什么需要时，她就掀开盖子舀上一勺，从来不管桶里还剩多少酒。他们俩从未在同一个游乐园里玩过，本来决无机缘碰到一起，可奇迹就是发生了。他们你来我往，将闲言碎语抛之脑后。当马塞尔在拳击场上挥舞拳头时，艾迪特就吻着玛琳送给她的十字架祈祷，当艾迪特唱歌时，马塞尔就在一旁挤眼泪。

正如人们在蒙特利尔传闻的那样，他们坠入了爱河。艾迪特不再住贝里大街了。那里有太多她与别人的记忆。对于马塞尔来说，一切都应当是崭新的。别混淆，千万别混淆起来。她并没有在第一时间把塞尔当介绍给巴黎演艺界的名流和追星族

---

① 达那伊得斯指希腊神话中达那俄斯国王的 50 个女儿，她们被迫嫁给自己的 50 个堂兄。婚礼当晚，她们杀了自己的丈夫，因而被罚下地狱，永无止境地向一个裂了口的木桶里倒酒。——译注

们。她要完全占有他。一九四八年五月，她搬到香榭丽舍大街七十四号一〇七室，塞尔当则在一〇九室与她比邻。

然而皮亚芙继续按照"歌伴"演唱团的计划登台演出。四月二十三日至五月二十六日在 ABC 音乐厅登台，在广播节目"走向大门"中做客，七月一日在"电视巴黎"节目中亮相。她同时参与了"歌伴"为哥伦比亚唱片公司的专辑的录制，该专辑的主打歌叫《老船》。

之前她与这个组合合拍的电影《九个男孩与一颗心》于一九四八年三月二十四日上映，该片在马利涅举行了首映，导演是乔治·弗里兰德。

此后，马塞尔一场不落地出席所有盛大演出，分享所有的眼泪和欢笑，参加了电影的首映式。活动期间，他被引见给弗朗索瓦·密特朗，当时的退伍军人部部长。吕西安·鲁普和第二经纪人若·朗曼因为他们的小马驹沉溺于名流生活而感到不满。他们说出了自己的想法。马塞尔没有回答，他什么也听不进去。他戴着头盔和护牙套。这般装备之下，他如何能听得清楚或作出回答？最后，他俩在浴室门口把他给截住了。

他只是说："我很走运，我这样一个可怜而野蛮的拳击手，竟然会被人爱上。"他们没料到他会这么说。不过，他们警告他说，他很快就会有大麻烦，快得就像老鹰看见小鸡时的速度。他们说得没错。

七月十一日，这对恋人一同去布鲁塞尔。他去是为了保住欧洲冠军的名号，而她则是借口去灌制录音。《法兰西 - 礼拜日》这份能"透过锁眼看新闻"的报纸发表了一篇关于皮亚芙和塞尔当关系的文章，文章已经不只是暗示了。这份在卡萨布兰卡所有理发师手中流传的报纸大大地伤害了马里内特，她提出要离婚。拳击冠军费尽了宝贵的耐心、使尽了圆滑的手段，才让她改变了主意。

艾迪特什么也没说，她尽量不发出动静，等待暴风雨过去。她想要的，只是她的拳击手。结了婚的或是离了婚的，这不重要，重要的是他要属于她。他很快就从西迪马霍夫的宅邸回来，一方面是为了准备比赛，但更重要的是与艾迪特相会。他从未如此这般着迷。而他的妻子似乎认为，这一切只不过是媒体用来炒作的流言蜚语，她坚信随着时间的流逝，明星之间的男欢女爱不会有好结局。通常都是这样的！然而，《法兰西 - 礼拜日》又往事件上进一步抹黑。"如果说塞尔当在布鲁塞尔的海瑟尔体育场连西里尔·德拉努瓦都打不赢，那是因为皮亚芙早已让他做了上流社会的冠军。"

雷奥米尔大街，周刊所在地，两个经纪人和编辑部人员大打出手，这样做却并未能够替他们的拳击场艺术家夺回冠军绶带。丢了欧洲冠军头衔，塞尔当有些伤心，但仅此而已。他曾经拥有过这一头衔，并且会把它再夺回来。现在他想要的是世界冠军。继他在纽约和威廉姆斯及拉维尔·罗奇对决、在芝加哥和安东·拉迪克比赛之后，人们普遍看好这架引人注目的"拳击轰炸机"。为了驱散明显的谣言，他搬去和皮亚芙一起住，那是巴黎第十六区勒孔特·德·利勒街七号的一幢大房子，靠近欧特伊教堂。从此，人们不再议论纷纷，大家都知道了。

吕西安·鲁普直截了当地对皮亚芙说："我不是责怪你和马塞尔一起住，我只是希望他早早睡，不要抢你的酒喝，也希望鸡尾酒会上的巴黎名流不要去拍他的照，让他抢了你的风头！"

她满口答应。他们都将成为世界冠军。琐碎的家庭生活，或者说一种类似的生活，就这样被操持起来。她制订了教育他、打扮他和让他变得文雅的计划。勒普莱、阿索和墨里斯曾对她做过同样的事情。爱他，就是改变他。他对一切都说是，只要是来自艾迪特的东西，都是好的，只是他照样在厕所里读连环画，照样趴在科克多的书上睡觉。他与皮亚芙分享的，是一种很强烈的东西。身体上的，当然有，但还要加上所有这些看似不起眼的小东西，它们拼接在一起，最终成就了真正的一对。他不再去音乐厅门口接她，省得记者再烦她。她不会让他久等。

布洛涅森林附近甘贝塔大街五号有一套由建筑师特里·埃米利奥设计的寓所，皮亚芙在这里安了一座健身房，一方面是为了让他的身体不至于生锈，另一方面更是为了把他拴在自己身边。她不再流连酒吧，不再一杯接一杯喝到凌晨靠酒来驱散对夜的恐慌。

后来，当音乐会和比赛让这对恋人天各一方时，他们就鸿雁飞书，信写得质朴而充满柔情。离开了对方，他们变得十分可怜。他们相互写信，无需丝毫雕饰。（2002年，歇尔舍·米迪出版社出版了他们的通信集：《为了你的我》。感人至深！）

法兰西，作为天主教的长女，在原则和礼节方面通常要求很严。然而当涉及到男女私情，尤其是当这样的关系发生在名人身上时，法国就会主动遮蔽它的道德。那场玷污了克林顿名誉的丑闻在法国最多是在小酒馆里流传的一则趣闻而已！

在法国，总统们用共和国的钱金屋藏娇，醉醺醺地遇到牛奶工，其中有一个甚至在一九三一年死在了约会的地方！"阿尔芒①，"夫人说，"你醒醒！"在其他国家带有丑闻性质的事件丝毫没有影响到艾迪特日益闪亮的光辉，相反，让她名声大振。

大家都觉得，由这对恋人上演并在他们明星的光环下被推进的序曲简直好极了！

他们俩还原了时代的声音。这出二重奏人们触手可及，大家都梦想能变成他们那样。

他们让传奇成为了可能。郊外和外省酒吧里磨旧了的单面仿皮漆布上，多少艾迪特和马塞尔用一瞬间、一星期甚至是一生，结成一对对爱人！

生性好嫉妒的艾迪特并无任何先验的理由去怀疑她的心上人。然而每隔一段时间，他就会无缘无故地消失几个小时。有一次，她跟踪了他，只见他搀扶着一个和他一样来自马格里布地区的盲人，陪他过马路、去杂货店买东西。后来他承认，那个人以前是个拳击手，在拳击场上失去了双眼，只能靠马塞尔帮忙料理日常生活。塞尔当是个心地善良的人，他的善良不只用在拳击场上。

皮亚芙是个具有极强支配欲的女人，然而在她的斗士回卡萨布兰卡和妻儿过几天家庭生活的日子里，她却心甘情愿地做一个地下情人。不过，她每星期要给他写三封热情似火的信。吉努和莫莫娜讲述着同一个故事。她们把珍贵的信件压在心口，登上去卡萨布兰卡的飞机。在那里，马塞尔给她回信，加倍给

---

① 指阿尔芒·法利耶斯（1841－1931），1906－1913 年期间为法国第三共和国总统，因突发心脏病去世。——译注

童年

坐在皮埃尔—沙朗路热尔尼之家经
理路易·勒普莱腿上 ©私人照片

艾迪特的母亲莉娜·马尔萨
©Sipa图片新闻社

艾迪特父亲路易在他的宣传招贴上
©私人照片

艾迪特在贝尔奈的祖母家
©私人照片

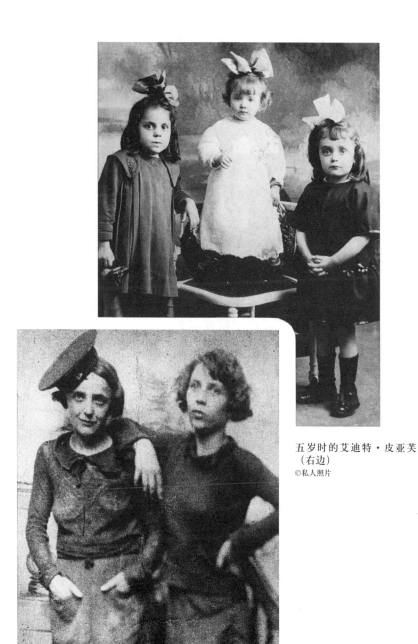

五岁时的艾迪特·皮亚芙
（右边）
©私人照片

艾迪特·皮亚芙（左边）
和她的好友西蒙娜·贝尔
托，1931年
©私人照片

电影

马塞尔·布利斯坦的《明日情人》，1957年 ©私人照片

让·德·利姆尔的《假小子》，1936年 ©私人照片

乔治·拉孔布的《塞纳河上的蒙马尔特》，1941年 ©私人照片

马塞尔·布利斯坦的《无光的星星》，1945年 ©Sipa图片新闻社

ÉDITION

Fran

LE PLUS FORT TIRAGE ET LA PLUS FO

5° ANNÉE — N° 1653   Col. 89-69
100, rue Réaumur, PARIS   Col. 20-80   Samedi 29

L'AVION DE CI

AUX AÇORES AV

艾迪特与塞尔当在一起，1948年 ©私人照片

CIALE

e-soir

DE TOUS LES JOURNAUX FRANÇAIS

— Prix : 8 fr.

D

6ᵉ
DERNIÈRE

RDAN (Paris-New-York) TOMBE

48 PERSONNES

歌曲

与乔治·穆斯塔基和米歇尔·里弗科什
在多维尔 ©Sipa图片新闻社

与路易·巴里耶在一起
©Rue des Archives图片新闻社

与夏尔·特雷内在一起
©Rue des Archives图片新闻社

与夏尔·迪蒙在一起 ©私人照片

被费利克斯·马滕和玛格丽特·莫
诺簇拥着
©Rue des Archives图片新闻社

与夏尔·阿兹纳武尔在一起
©Rue des Archives图片新闻社

与布鲁诺·科卡特里在一起
©Keystone通讯社

在舞台上…… 1960年在奥林匹亚

与玛琳·黛德丽在凡尔赛俱乐部，1952年 ©Rue des Archives图片新闻社

与埃里奥总统和科莱特在一起。艾迪特获得法兰西歌曲大奖，1962年
©Rue des Archives图片新闻社

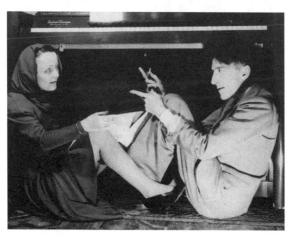

与让·科克多在一起：《冷漠的美男子》彩排，1940年　©Sipa图片新闻社

1961年1月3日　©Keystone通讯社

她爱的承诺，当晚，信使们又搭上最后一班回巴黎的飞机，把信带给艾迪特！"这条航线上的工作人员都认得我们了！"她们说。

所有这些限制、盛大的演出活动和比赛，有时让缺席变得太过残忍。他们彼此太过思念，以至于忘了谨慎和对经纪人许下的承诺，一声招呼也不打，就暗地里去幽会。一天，艾迪特和莫莫娜来到离纽约大概二百公里外的谢尔德雷克湖，没有桂冠的冠军正在这里进行半封闭式训练。

这里风景很美，环着山和湖，不过条件艰苦，没有夜总会，没有声色场所，没有姑娘们把尖尖的高跟鞋架在吧台上。这里盛行的是健康、纯洁而清苦的旅游，会让人有点想打哈欠。吕西安·鲁普大怒。因为他们事先什么也没对他说，更糟的是，他们背叛了他。

他指责若·朗曼，自从那次他们鲁莽地对《法兰西－礼拜日》采取报复行动之后，他俩之间就产生了一些摩擦。朗曼也许还对鲁普挥了拳头，鲁普却没有抬手挡他。"吕西安，"朗曼说，"我不知道她们的把戏，再说了，谁又知道呢？"

目睹了这一幕的塞尔当摇了摇头，表示他也不知道。

艾迪特和莫莫娜在赫利维尔的一家宾馆里住下，这里离拳击手的宿营地很近。

"我两边跑。"塞尔当说。

"不行，"鲁普回答道，"这个地区很大，所有记者都会跟在你屁股后面。"

他们最终被迫达成一致，决定由艾迪特和莫莫娜用化名在谢尔德雷克湖租一间度假小屋。司机、保安兼全权负责人若·

里佐负责去接她们。冠军的生活可不是一出音乐剧，冠军的爱人们的生活也同样。

夜晚的时间是漫长的，一对恋人在打牌，莫莫娜为了不让他们看了眼馋，一个人躲在卫生间里喝酒，经纪人们则摆出一副臭脸。鲁普是坚不可摧的，只允许塞尔当和艾迪特过一夜，不许再多。两个年轻的女人最终回到了纽约。冠军赛将于一九四九年九月二十一日在泽西城罗斯福体育场开赛。艾迪特则要在二十二日重返凡尔赛俱乐部舞台。演出将被电视转播。

三十二岁的挑战者塞尔当最终战胜了冠军保持者、三十五岁的托尼·扎尔——一个传奇的时刻。坐在拳击场座椅上的艾迪特猛地扑进一个素不相识的人的怀中抽泣起来。彼此厌恶的经纪人此时也相互道喜；而在法国，尽管有时差，人们还是竖起耳朵关注法国广播电台的消息。

回到纽约公园大道上的居所，艾迪特在通往卧室的路上撒满玫瑰花瓣。过了几个月苦行僧生活的马塞尔最后在浴缸里睡着了，他最终被香槟酒击倒在地。

鲁普已经在考虑回巴黎的事宜了，在那里，整个法国和它的总统樊尚·奥里奥尔都在等待冠军归来。塞尔当则认为，他已经完成了合约，下面应该由他来决定是去香榭丽舍大道，还是留在纽约和他的艾迪特继续撒玫瑰花。

经纪人宣布了决定。塞尔当最终还是回去了，总不能让共和国总统久等，不过他让朗曼为他在美国艾迪特献唱的地方组织一些展示见面会，朗曼更善解人意，他觉察到自己开始起支配作用了。

鲁普在这件事情上失了面子，塞尔当则找回了面子。心灵的需求最终胜出。艾迪特在凡尔赛俱乐部的巡演结束后，这对情人给自己放了一个星期的假。"我们能够在这样一个由多人组成的大家庭中持久地生活下去吗？"她在给布尔雅的信中写道。不过，已婚男人这样的问题从未困扰过艾迪特；从认识亨利·孔泰以来，她就学会了分享，然而，一切让马塞尔远离她的事件对她来说都是一种酷刑。他去和家人团聚，这当然算是一桩，但问题是除此之外，还要加上所有其他的分别，这就太多了。他们一封接一封地写信。对他们来说，日子是数着过的，他们并不清楚这一点，他们只是感到担忧，莫名的担忧。

离开法国四个月后，皮亚芙回到了祖国。她本想不声不响地在奥利机场下飞机，这么做更多的是为塞尔当而非为她自己着想。不过她的愿望最终未能实现，"基石"新闻社得到了消息，那组照片巡游了全世界。艾迪特依偎在马塞尔身旁，微笑着，容光焕发，光彩照人。她不再是那个戴着蜡制面具的瘦小身影，吟唱让人备受煎熬的爱情，而是一个曾经黯然神伤过的幸福女人。

十月五日，塞尔当回摩洛哥和家人团聚。十二月二十三日，借去卡萨布兰卡一家夜总会演出的机会，艾迪特与塞尔当会合。这是勇者之间的和平共处，与其放弃，不如共享。回巴黎之前，塞尔当领着艾迪特参观了他的农场。而马里内特以为他们的夫妻关系已经化险为夷，于是留在了摩洛哥。

一九四九年，电影界对塞尔当产生了兴趣，他成了电影《铜拳铁掌》里的主人公。马塞尔·里韦将他的故事改编成剧本，电影由莱昂·马托导演。马托曾是默片演员，后来改行当了电影导演。

布朗谢特·布鲁诺在片中饰演塞尔当的妻子马里内特，阿尔弗雷德·亚当扮演鲁普，菲利普·埃尔桑饰演若·朗曼，罗贝尔·贝里则披上了拳击手比坦的浴衣。一九四二年，比坦曾和初出茅庐的塞尔当赛过一场，他赢了。

一九四九年一月十二日，电影的拍摄工作在位于埃皮奈的制片厂展开。谢尔德雷克湖训练营被重新搭建起来，塞尔当曾在那里备战世界拳击锦标赛，与安东尼·扎尔斯基也就是托尼·扎尔一决雌雄。

这部长片更多是属于纪录片而非故事片范畴，它是为拳击发烧友而非为电影迷们准备的。

一月十二日和十四日，艾迪特在普莱埃尔举办了两场独唱音乐会。马塞尔守着她，寸步不离。她从台上看见他站在后台朝她微笑，当帷幕在最后一次谢完幕最终落定时，她扑进了他的怀抱。那个时代，他们是众人艳羡的对象。二月三日，她录制了《塔之囚》，九日又录制了《只为我》和《我的路上的舞会》。同月二十一日，她飞往开罗举行一系列音乐会，并借此机会参观了金字塔。当地媒体为骑在骆驼上的她拍了一张照片，她给那只骆驼起名为"米丝廷盖特"，因为它的一口牙齿让她想起了杂耍歌舞剧场里的王后！

回到巴黎后，她的健康又出现了问题，医生建议她好好休息。"累？我是从来不会累的！"她说。不过她还是不得不取消一九四九年三月在鲁昂和兰斯帝国剧场的音乐会。不适和晕厥接踵而至。四月二十六日，她在 ABC 的演出先后被利斯·哥蒂和伊夫·蒙当取代。此时，她经常失音，越来越频繁。三月二十九日，艾迪特去伦敦见马塞尔，他在那里与迪克·蒂尔潘有一场比赛，媒体认为这场比赛对他来说是小事一桩。塞尔当在第七回合将对手击倒在地。几个月后，在卡萨布兰卡，这位冠军变本加厉，第四回合便将对手吕西安·克劳希克击败。这一次，艾迪特没有陪他出赛，这倒也揭穿了某个占星家的谎言，他说如果没有皮亚芙陪伴左右，塞尔当就无法获胜。

五月十九日，马塞尔飞往纽约，准备迎战他的新挑战者雅克·拉·莫塔，他的世界冠军头衔将再次经受考验。

他又住回谢尔德雷克的伊文思宾馆，再次体会到迎战托尼·扎尔之前的那种修道士般的生活。艾迪特曾一度为那种生活带去一点欢乐时光，这回她不会再来找他了，这不仅让朗曼，也让安托万放心。安托万是马塞尔的哥哥，他取代了鲁普。媒体的看法一致，这将是一场不简单的比赛，不过塞尔当在认真备战。他做得还不够。第八回合时，裁判宣布停止比赛。"世界冠军（当时还是）已被打得无力还击。"经纪人们说。人们还说，塞尔当在一场交战结束时跌倒在地毯上，伤了肩膀。占星家再次变得神秘起来。

当被摘了桂冠的冠军回来时，艾迪特一个劲地自责："是我的错，我应该去的！应该相信那些掌握了不可解释的科学的人！"马塞尔耸了耸肩："我会报仇的，下次有他好看的！"生活继续在巡演、蓝色海岸的度假、彩排、训练和编织中进行，爱情冲破流言蜚语，依旧如故。莫莫娜再次散发出圣洁的味道，对拳击手的赞美之词源源不断，是他让她大大减轻了自责感。针对"布朗克斯的公牛"拉·莫塔的复仇行动被定在九月二十八日，没有人催促他们，但每一分钟都很宝贵。八月十三日，艾迪特和马塞尔在勒阿弗尔港上船，"法兰西岛"号邮轮载着他们前往纽约。八月二十五日，塞尔当已经身处谢尔德雷克湖宾馆了，那里的每只沙袋都让他想起拉·莫塔！艾迪特和莫莫娜每周末都去看望他。"不管怎么说，他是在艾迪特躺在他床上赢了扎尔的！"经纪人们说。

九月十四日，皮亚芙再次献唱凡尔赛俱乐部，她在那里的演出一直要持续到次年的一月三十一日。她的节目单上有一首新歌——《爱的颂歌》，她第一次面对玛琳·黛德丽和音乐厅后排着了迷的纽约观众唱这首歌。这是一首具有预兆性的歌。她在玛格丽特·莫诺创作的音乐上填了词。"人生最糟糕的事，是孤零零地死去。"她只这么说。

她想象着她所畏惧的事，她畏惧她想象不到的事。爱情就像一切贷款，需要支付利息。她与塞尔当的艳遇是她生命中一笔奢侈的消费。结账的时刻到了。

这首歌在凡尔赛俱乐部首唱的第二天，两个拳击手在被介绍给已经认识他们的媒体之前上秤称重。冠军保持者拉·莫塔指责他的对手比他的量级重一些，本来这没有什么大不了的，还有九天时间，只要塞尔当利用这段时间把超出的部分通过流汗消耗掉就行。然而这超出的几克重量似乎成了拉·莫塔的心头病，五天之后，他推说肩膀脱臼，推迟了复仇赛的日期。"他应该钻进桑拿房里去。"塞尔当讽刺道。法国媒体对于美国选手临阵退场的行为大肆讥讽，美国媒体则低调得多。若是情况相反，反应亦会相反……比赛被推迟至十二月二日，马塞尔继续留在美国，他这么做并非出于必要，只是为了每天晚上都能够出席艾迪特的独唱音乐会。

之后，他返回法国，准备在特鲁瓦迎战瓦莱尔·贝内蒂多。在此之前，他回卡萨布兰卡与家人过了几星期。皮亚芙与纽约夜总会的合同于一九五〇年一月三十一日结束，这对恋人再次两地分居，冠军赛的推迟把事情弄得一团糟。他们相互写信、打电话，可是一到晚上，空床孤枕让人睡意全无。十月二十日，"歌伴"的小伙子来与艾迪特道别，他们要去加拿大巡演。艾迪特更是觉得寂寞难耐，她让马塞尔来纽约时别乘"法兰西岛"号邮轮，改乘飞机。她在电话里说："我迫不及待想见你！"

十月二十七日晚上八点，"星座号"四引擎飞机从奥利机场起飞，机舱里除了马塞尔和若·朗曼，还载着另外两位法兰西名人：世界著名的古典小提琴家吉内特·内沃和在大西洋两岸都大受欢迎的肖像画家贝尔纳·布泰·德·蒙韦尔。

这位画家本该乘上一班飞机的，然而当他得知著名的喜剧演员弗朗索瓦丝·罗赛要乘下一班飞机去纽约，而飞机装不下她所有的箱子。他主动让出自己的座位，让行李跟随它们的主人一起走。于是，布泰·德·蒙韦尔这位善献殷勤的花花公子便搭乘下一班飞机去纽约，飞机本该在十月二十八日一早到达，然而深夜时分，飞机在亚速尔群岛圣米格尔岛的雷东杜峰坠毁，机上无一人幸免。

在纽约，皮亚芙结束了演出，回到寓所。想到第二天能见到她的情人，她满心欢喜。她让人在飞机到达拉瓜迪亚机场的第一时间将她叫醒。路易·巴里耶将去机场接人。

晚上，有消息称机场与法航的这趟班机失去联系已经好几个小时了。巴里耶还是去了拉瓜迪亚机场。因为无线电通讯故障，停在机场跑道上不能起飞的飞机不止这一架……后来，噩耗得到了证实。一架搜寻飞机飞过圣米格尔岛上空时，发现了失踪飞机座舱的残骸。

路路回到宾馆时，已经十一点钟了，艾迪特还在睡觉。她问他为何不早些叫醒她，她喊马塞尔，以为他又像往常那样和她开玩笑。她叫他的名字，以为他躲在门后，接着，在一阵沉默中，她明白了一切。那天晚上，为了马塞尔，为了发泄痛苦，她照常在凡尔赛俱乐部演唱，没人强迫她去，只因她无法在孤寂中承受这场噩梦。第六首是《爱的颂歌》，唱完最后几个字，她昏厥过去。她在台上休克了，台下没有一丝声音。那时的皮亚芙是一只塞满了破布的娃娃，被雷东杜峰扯得粉碎。

11. 马塞尔永在

人们最终辨认出了马塞尔·塞尔当的遗体，因为他的手腕上戴着艾迪特送给他的手表。为了让他的灵魂得到安息，十一月二日，人们在卡萨布兰卡为他做了一场弥撒。次日，蒙特利尔大教堂举行了一场追思祭礼，"歌伴"歌唱团演唱了巴赫的一首大合唱。罗什和阿兹纳伍尔出席了仪式。皮亚芙继续在凡尔赛俱乐部完成她的合同。"我人在这里或那里没什么区别，"她说，"从今以后我就孤身一人了，我和他在一起。"

一九五〇年二月四日，皮亚芙回到巴黎。在离开法国近半年之后，她像深夜里的一个幽灵，悄无声息地回到国内。还是在纽约的时候，一天晚上，绝望至极的她把自己关在浴室里，一缕缕削下自己的长发，最后头顶上只剩下几簇头发。在接受《不妥协者报》记者采访时，她说："那边天很热，我需要凉快一下！"

"除了发型有些奇怪，"记者写道，"她没有变，眼神还是那样从不躲闪，声音还像往常一样摄人心魄，微笑里依然泛着哀愁。"

艾迪特·皮亚芙刚满三十四岁，她剩下不到十四年的光阴。这点时间不足以让她忘记已经被她升华了的那个形象，因为他从未停止过让她怦然心动。马塞尔走了，他在天上，和天使们在一起，这让艾迪特始终胸怀对神秘的信仰，让她爱上了自己的绝望，她已分不清什么是绝望、什么是清醒。塞尔当这样一个代表了永恒力量的人，如今只是小土丘上的一块大理石碑。她想，他始终在这个星球的某个地方，虽然看不见，但就在她身边，就像昨天那样，像永远那样。皮亚芙成了这样的绝望者，他们信仰一个世俗的神，他没有名字，不是先知，没有摩西十诫，也不能水不湿鞋地穿越红海。她把他想象成她所希望的那样，对他恭敬服帖，但又不相信他的救赎。

蒙当在《蒙当自话》（瑟伊出版社）中说"艾迪特在和他做爱之前，从不忘记穿着睡衣祈祷"。他问她什么样的神能接受这样的祷告。罗贝尔·达尔班和艾迪特一样，也确信某种神秘力量的存在，这种共同的信仰巩固了他们的友谊。他们都信仰灵魂转世，对于蔷薇十字会①形而上的论点表示赞同。在纽约买的一张独脚小圆桌成了呼应塞尔当灵魂的必备媒介。莫莫娜也加入到他们中来。在这个所谓的开明时代，科学不足以回答他们的疑问，又或许他们假装不信仰科学，企图以此接近不可解释的事物。

接着，这张独脚小圆桌成了决定一切的借口。人们问它，马塞尔的精神状态如何，还有，应该把钱借给谁，选哪几支歌，哪家剧院。小圆桌成了被滥用的跳板。并不是皮亚芙容易上当，而是因为她喜欢给予，她用慷慨来接近她敢于向其祈祷的对象。当她明白只要她歌唱，她的房间就会挤满人时，她便漠不关心自己的银行账户了。她定期就会有钱进账，而钱也会定期流入

---

① 起源于 17 世纪德国的一种基督教神秘主义秘密结社。——译注

130

那些她视为朋友的人的口袋中。她家里什么都有，又什么都没有，因为谁需要些什么，都可以从她那里拿，电冰箱是她住处被光临最多的地方。她只生过一次气：那是因为有人把她浴缸里的金鱼偷走了！她特别不喜欢一个人孤单地洗澡。

一九七三年，让·诺利著的《艾迪特》一书由图书俱乐部出版社出版，书中描述皮亚芙从纽约回国后，在拉纳大街举行了几场招魂会。在朋友的环绕下，皮亚芙站在昏暗的光影中，全神贯注，由灵媒引导对话。"桌子发出剧烈的声响，"诺利写道，"让人觉得像是在木匠家里。"

砰！砰！

"马塞尔说什么了？"皮亚芙问道。

"他说你是个自私的人。"作为中介者的灵媒答道。

砰！砰！

"马塞尔想要什么？"

"他让你借钱给罗兰，他需要钱。"

"好，没问题，要多少？"

一阵又一阵的砰砰声。

"每天晚上，"诺利详细地描述道，"马塞尔都在彼世算账，给让·皮埃尔五千块，给没钱抚养孩子的西蒙娜五千块……"

她真正的朋友们都恳求她放弃这些黑色的弥撒，它们只会让那些滥用她虔诚之心的人从中渔利。可她已经不能明白，为什么大家会对让她内心感到平静的信仰产生怀疑。

艾迪特混乱的世界中出现了一些新面孔。前舞蹈演员达妮埃尔·维尼奥取代了忠诚的安德烈·比加尔，担任棘手的秘书一职，罗贝尔·拉穆勒是个会讲赶鸭笑话的喜剧演员，能逗艾迪特发笑，但无论如何努力，却始终无法让她动心。

还有极为出色的喜剧演员、歌唱家和口哨演员米舍利娜·达克斯，她有着罕见的才华，曾笑声不断地说起她们之间的友情：

> 我是在塞尔当去世的那段日子里认识艾迪特的。我们的一个共同的朋友介绍我们认识，那时我们都还年轻。一上来，我就对她的勇气感到震惊。疾病和事故让她的生命伤痕累累，可她却十分坚强。我从没听她抱怨过什么，从没听她说过"我痛苦"。
>
> 她既有勇气，也不乏幽默。她是巴黎街头顽皮的女孩，是单纯活泼的城市女郎，她对钱从不感兴趣。她很幸运，身边有路易·巴里耶，这是她周围为数不多的正人君子之一。还有穆斯塔基，我认识他的时候他很年轻，风趣开朗，无可挑剔。还有雅克·皮尔斯，她的第一任丈夫，正直而和善……
>
> 艾迪特和我之间有接头暗号。有时她会打电话给我："我有话对你说，你不想来吗？"
>
> 我说："好的，夫人，您换动产了？"
>
> "噢！我求你了，又开始了……"
>
> 我到她家里去，瞥了新当选者一眼。艾迪特把我拉进卫生间。我们就像两个有悄悄话要说的孩子。她说："怎么样？"
>
> 我说："不好！"
>
> 她说："再见吧夫人，我们再也不见面了！"
>
> "好吧，算我倒霉……"
>
> "你错了，我告诉你，我们再也不见面了……"

两星期后，她又打电话给我，因为对她来说，"动产"总是去了又来……

她的思想令人震惊，她并非完美，而且也不喜欢别人说她完美。有一阵子，她极度酗酒。那时她在法国巡演，我们也参加了演出。夏尔·阿兹纳伍尔和我充当合唱演员。参加演出的还有一位迷人的先生，她的钢琴师罗贝尔·肖维尼。奇怪的是，他们彼此以"您"相称，以显示对对方的尊重。一天晚上，她比平时喝得要多，歌唱得有点糟糕。公众却并未发牢骚；不论如何，只要她出现，就会产生某种奇迹。

每天晚上演出结束，作为一种仪式，她都要向公众介绍她的钢琴师。他站起身，吻一下她的手。那天晚上，当她介绍罗贝尔时，他站起来，直接退场，没有行吻手礼。在后台，她发作了，我向您保证，她发作起来可真是花样多端而动作利落。肖维尼没有发话。最后她对他说："我能问问您为何退场吗？"

"因为我感到羞耻，夫人。"他回答道。

皮亚芙变本加厉地回敬他"今晚我要解雇您"等等。

第二天，她在另一个城市演出，我从艾迪特的眼神中意识到有事要发生。她滴酒未沾，歌唱得妙不可言。她介绍罗贝尔，只见他走过来，向她的手俯下身去。她伸过手去说道："啊！他变得通人性了！"

这种恶意的报复，我觉得实在是棒极了……

有一件事我每次都尽量强调。人们强加给她一双黑色的眼睛，一双火炭色的眼睛。这是完全错误的。

当我在格雷万蜡像馆看到她的人头像上有一双暗

灰色的眼睛时，我不禁感到愤慨。她的眼睛是蓝色的，是非常特别、非常清澈的蓝，就像高卢牌香烟烟盒的颜色，那种目光能够将你穿透。当她正面看你的时候，你会觉得很难承受。人们无法对她撒谎，当然，男人们除外……对于男人，她喜欢他们说谎，问题就在这里……

她在台上的表现令人难以置信。好几次我被叫去为她捧场，通常是在奥林匹亚。听第一首歌时，我感到喜悦，听第二首时，我开始在扶手椅中变得低沉，到了最后，我会被深深地触动，黯然神伤。我去化妆间看她，她看到我面色不对，说："你怎么了？"

"我刚刚看了你的演出……"

"啊，不会吧！怎么是你！"

任何资料都无法还原舞台上的她带给我们的体验。她是，或几乎是唯一的。还有布雷尔，她具有一种意想不到的风范……不幸的是，或者说幸运的是，这些人都是不可替代的……

每次重听她的录音，我心里都会很难过……

六年多的时间里，我们俩走得很近。之后，我们走了不同的路，各自的事业让我们彼此远离，但我们从来没有红过脸。我们保持电话联系，但见面少了。她常常去美国。当路路对她说："艾迪特，我们一分钱都没有了。"她就回答说："是吗，那我们再去美国！"

她对钱还是出了名的漠不关心……

而在那个时代，她是世界上薪酬最高的明星。她任人偷窃、诈骗……可怜的路路被她弄得晕头转向。她的慷慨近乎荒唐。她可以迷人至极，也可以冷酷无情。有些人把她说得一无是处……这纯粹就是嫉妒她的天才……我想如果我是她，我简直要杀人了……

艾迪特一生中只喜欢三件事：唱歌、欢笑和男人，其他都是次要的。钱，钱又意味着什么呢？

我过去喜欢她，一直喜欢她，如果我用现在时，是因为对我来说，她一直存在着。谈论艾迪特总是件幸福的事……

二月十七日，艾迪特收到一封来自马里内特·塞尔当的电报，邀请她去卡萨布兰卡见她。二月二十七日，她前往摩洛哥，去见那个曾经是她的对手，如今与她共寄哀思的女人。这是一场奇怪的会面，两个女人想分享她们从未共有过的、对同一个男人的回忆，她们都曾想完全占有他。也许皮亚芙想通过得到这个家庭的承认来使她与塞尔当的关系合法化，而这个家庭，正是她曾想要拆散的。从摩洛哥回来之后，她搬进了布洛涅的新居所。工程接近尾声，她把行李箱搬进女门卫的两室套间，在那里住下。一整套公寓对于一个畏惧空荡的人来说，显得太大了。夏尔·阿兹纳伍尔与罗什的接触越来越少，他也在套间里住下了。

他执意要给她推荐一些歌，而她却坚决拒绝，直到另有他人唱这些歌而走红。皮亚芙在她的职业生涯中只唱了阿兹纳伍尔的很少几首曲子：《下雨了》《这是个小伙子》《曾经有过》《一无所有》（《小莉莉》片断，与皮埃尔·罗什合作）《比你的眼睛更蓝》《一个孩子》和《我恨星期天》。

艾迪特相信夏尔的作曲天分，不过条件是他同意演唱自己的歌曲。她觉得，这个小个子男人有着那些不帅的人特有的台风和低调的魅力。他还需要摆脱罗什，并贡献出几厘米鼻子上的附属器官。

"你的女伴格雷科来过了，如果你想正面和侧面一样有魅力，总有一天得在肉上挨一刀！"她将他领到整形师那里，整形师仔细察看了夏尔需要被修整的部位。手术预算让艾迪特感到困惑。"不过说过的话不能反悔，整形费用我替你付。但这一厘米的价格还真是让我吃惊！"

"又没人逼你。"夏尔反驳道。

年末美国的巡演计划已经敲定。她当然要带上埃迪，阿兹纳伍尔和罗什也得带上。终于可以去了！他们狂喜不已。然而，艾迪特再次坚持自己的想法，她对夏尔说："这样，你就可以在那边让人为你重做鼻梁了！"夏尔对这次旅行的兴致因此减弱了几分。临行前几天，因为夏尔和她之间发生了一场争执，也许还因为格雷科一事让她觉得如鲠在喉，她放出这样的话："既然这样，我就不带你们去了。再说巡演从加拿大开始，在蒙特利尔我没有为你们安排活儿！"加拿大是皮埃尔和夏尔的梦想，是他们的乐园！

夏尔第一次拒不服从："我们不需要你付旅费，我们在那边见！"当然，她一声冷笑，启程去了新大陆。到达蒙特利尔几天后，她收到一封电报。自费横渡大西洋的夏尔被拦在埃利斯岛上，所有希望登上美洲土地而又无法提供足够担保证明的人，都被暂时安置在这里。正如米莎（Misha）和她的家人四十年前可能遇到过的情况一样，夏尔被美洲拒之门外。皮埃尔毫不费力就进入了加拿大领土，后来在那里遇见了一位年轻的女歌手阿格莱，他娶了她，在那天寒地冻的世界里定居下来。艾迪特被这个小个子男人的胆量震慑住了，为他付了保证金。

"他不帅也不高大，但他的确有两下子。"她说。

加拿大巡演回来之后，他们在贝弗利酒店见面，她的行李箱放在那里。夏尔脑子里只有一个想法：去找皮埃尔。艾迪特坚决反对。

"顺便说一句，多亏了我你才能在这儿，你就在这儿待着吧！我会为你付手术费，临床手术期间，你就做些正事。你想为我写曲子，那就写吧！"

于是阿兹纳伍尔做起了管家，负责照明，并满足皮亚芙小小的癖好和心血来潮。她曾连续十二次拉他去电影院，观看并一再重看奥森·威尔士饰演的《第三个人》，这部影片成为威尔士具有神秘色彩的长篇作品。终于，有一天，夏尔和一位美国整形师在手术台上展开了第一场比赛。

出来时，他满脸浮肿，脸上缠着细绷带，就像法老拉美西斯二世，朋友们以为他的脸再也无法恢复人形了。夏尔利用病后恢复期写了法国版的《耶洗别》（Jezebel），这首曲子当时由弗朗基·莱内演唱，登上了流行歌曲排行榜榜首。回到法国后，艾迪特让这首歌大获成功。

夏尔还把这首歌列为他的保留曲目，很久以后，达夫又利用东方配器法，写了一个充满灵感的新版《耶洗别》。

同样是在这一时期，她在哥伦比亚广播公司的录音室里为美国公众录制了一张碟，特别值得一提的是，里面有翻唱自《是你眼睛的错》的《别哭泣》《我不该在意》（又译做《很多我不在意》）《我丢失的旋律》（又译做《我不知道如何结束》）以及《枯叶》的英文版《秋叶》，她从未把最后一首曲子列入保留曲目之列。

皮亚芙将夏尔送上了拉瓜迪亚机场的飞机，对他说："去我在布洛涅的房子里躲起来，千万别给任何人开门，你包扎成这样，别人会以为你是贼！"三个月后，她回到法国，阿兹纳伍尔站在宾馆台阶上等她。她发现他非常帅，"那个美国佬整容师倒是让我松了口气！"说着，她把他紧紧抱在怀里。

不久，他向她介绍了一位生于洛杉矶的美国人埃迪·康斯坦丁。康斯坦丁比她大两岁，出生在一个祖先来自中欧的家庭，他刚到巴黎时，一句法语都不会说，后来他总算学会了用法语来表达，但口音还是很重，以至于人们一直以为他在戏说法语。来法国之前，他在美洲和欧洲四处游历，成了那个时代明星圈中的常客。

他高大、阳刚，一副宽阔的肩膀，颇能赢得那些喜爱好莱坞产品的女人们的好感。在好莱坞，约翰尼·韦斯默勒[1]们从一根藤上蹿到另一根藤上，怀里还抱着一只猴子！

艾迪特逐渐从长时间的麻木中走了出来，对于他体格上的优势，她并非毫不动心。当她听说他想在唱歌方面有所发展时，她虽然连儿歌都没听他哼过，却一口断定他在这方面颇有天赋。他出生于艺术之家，他的父亲、祖父和叔叔都唱歌。年轻时，他就显示出极高的声乐天赋，尽管他父亲不富有，却仍然送他去奥地利，投入一位名师门下学习歌剧艺术。

---

[1] 约翰尼·韦斯默勒（1904－1984），美国游泳运动员，曾在1924年法国巴黎夏季奥运会和1928年荷兰阿姆斯特丹夏季奥运会100米自由泳比赛中夺得金牌。退役后，韦斯默勒在好莱坞成为电影演员，他曾在12部影片中出演了"人猿泰山"。——译注

他曾获得过维也纳的一个歌剧奖，但随着纳粹势力的上升，他不得不回到美国。回国后，他做过各种各样的杂活，送报纸、洗车、酒吧间侍应生、在杂货店的厨房里洗餐具，最后他进入广播界，成为酒吧之声，为含有李施德林的口香糖做广告，为民主党或共和党候选人的业绩作宣传。他和妻子埃莱娜有一个女儿，叫塔尼亚。夫妻分居两处，这让他时常感到苦恼。

这种夫妻关系显然不会对皮亚芙造成任何影响，她决定让他做她的情人。她始终明白，那些讨她欢心的男人很少独身一人。她接过接力棒，不让比赛以失败告终，仅此而已！后塞尔当时代尚未到来，也许永远不会到来。

正如传声头像乐队①在《去向何方》里唱的那样，这就是小步前进的策略。接着，艾迪特和埃迪从床上走向舞台，又从舞台走向床上。他需要训练，她要像教蒙当那样，在他嘴里横一支铅笔，教他发元音、教他微笑、教他说话……埃迪心甘情愿接受训练。他不像伊夫那样骄傲自大。他不断地练习，不停地感谢，接着就上了女教师的床，在那上面他既不需要建议，也不需要铅笔！作为额外的酬金，他为《爱的颂歌》写了英文版。

之后，他便与阿兹纳伍尔和罗贝尔·拉穆勒共进晚餐了。阿兹纳伍尔轰动一时，而罗贝尔只会逗艾迪特开心，这让埃迪更加笑不起来了。后来，莱奥·费雷也成了那里的常客，他的

---

① 美国新浪潮派摇滚乐团，成立于1975年。他们避免奇装异服和舞台上的古怪行为，从现代的严肃音乐中汲取素材，创造出了一种更加复杂的风格，歌词经常强调个人与社会的矛盾冲突。——译注

无政府主义言论让埃迪深感怀疑。埃迪后来又弄大了西蒙娜的肚子，他用灿烂的微笑让艾迪特接受了这一事实，虽然艾迪特一度觉得这是对她的一种背叛。

"那孩子也可以算是你的。"他说。

她承认他的话是对的，因为她无法再生孩子。

简而言之，康斯坦丁就像是艾迪特喉咙里散发着香气的奶昔，就是我们在小酒馆里喝的那种饮料。他讨人喜欢，憨头憨脑，心不在焉，待人和气，对大家都很好，大家对他也都很好。

再到后来，当他收到一些象征着他地位的链形手镯、手表和打火机时，他意识到，达桑①后来在歌里唱的那个"荷包蛋，啦啦啦……"的时代一去不复返了。

马塞尔去世后不久，艾迪特第一次受到关节风湿病的侵袭。医生说，这是一种遗传病，她刚刚遭受的感情创伤让疾病发作起来。医生逐步加大镇痛剂的使用量，没有奏效，最后他们决定建议她使用吗啡。药物很快产生了积极的效果，不过也许效果太积极了，因为从那以后，她只要一痛，吗啡姐姐手里就拿着一支注射器来了。

一九五一年，皮亚芙再次在全法国巡演。一月二十二日在波城，二十七日、二十八日在里尔歌剧院，二月二十日在鲁昂的诺曼底剧场，二十五日在南特的阿波罗剧院。康斯坦丁和阿兹纳伍尔负责开场演出。这个美国人很难稳住观众，他们通常只是在幕间休息后才来听皮亚芙唱歌，而阿兹纳伍尔却开始成

---

① 指歌手乔·达桑（1938－1980），出生于美国，12岁时随家庭来到法国，在法语歌坛取得巨大成功。——译注

为舞台上的一员。和夏尔·特雷内一样，他们都是最早认识到歌词重要性的艺术家。歌词中讲着婉转幽怨的爱情故事，让人想起还属于禁区之事。这不会引起人们的反感，它只是对家庭生活内景的描摹，就像美国的特艺彩色电影①那样，故事有一个好结局。

与那个时代的其他歌不同，夏尔的歌中总是带着希望，让绝望的人产生幻想。他甚至纵情歌唱在皱巴巴的床单上绽放的幸福。《爱之后》引起了一阵小小的公愤，用当时的话来说，这是"一首不值得推崇的歌曲"。女人们并不因此感到脸红，她们甚至成为阿兹纳伍尔的首批粉丝。她们喜欢这个小个子男人，他将爱演绎得淋漓尽致，却不把爱强加于身体。一天，皮亚芙对他说：

"夏尔，如果你继续为她们唱你的那些玩意儿，让她们浮想联翩，你不如去她们卧室里搞巡回演出算了！"

"我是个客居他乡的移民，"夏尔回答道，"我只喜欢希望和彩虹，我偏爱喜悦的眼泪。"

艾迪特摇了摇头，转身回化妆间，黑蝴蝶们正在那里等她。

在一九五〇至一九五五年，除了外省的演出和巡回演出外，皮亚芙在其他方面的经验也丰富起来。她出演了《小莉莉》一剧，该剧由日后穿上法兰西学院院士服的马塞尔·阿沙尔策划。她刚从美国回来，他就找上门，和她讨论他的计划。

"可我不是独一无二的。"皮亚芙说。

---

① 一种彩色电影的摄制系统，由柯达公司出品。在 20 世纪 50 年代之前，几乎是彩色影片的代名词。——译注

阿沙尔向她证明，事实恰恰相反。一切都变成了可能。

马塞尔说："音乐由亲爱的玛格丽特负责，雷蒙·鲁洛负责导演，利拉·德·诺比利负责布景，米蒂·戈尔丁则负责为我们打开 ABC 的大门。"

太好了！

然而问题很快变得复杂起来。如果说戈尔丁虽然对雷蒙·鲁洛感到恼火，但因为承认他的才华而最终接受让他做导演，但他却拒绝由诺比利负责布景，因为在他看来，诺比利毫无天赋！后来大家对第二角色的人选又各执己见。鲁洛推荐他自己的人，戈尔丁也是，皮亚芙则强行要求埃迪出演土匪斯宾塞。"这个角色为他而生。"她肯定地说。皮埃尔·德塔耶一度被认为是第一男主角，但他不喜欢由争吵开场的喜剧，因此选择退出；皮亚芙授意人们采用她的选择。出演的将是常逗她发笑的罗贝尔·拉穆勒。

对戈尔丁来说，这太过分了，他十分难过，一只手捂着胸口悲叹道："有了两个初出茅庐的小子，一切将迅速成为灾难！"这时，艾迪特并未提高说话的声音，只是甩出了她的万能牌："就这么办。要么这样，要么就不做。"脆弱的皮亚芙总是一下子把话说死。现在，只等阿沙尔把他尚在短浅的想象力中构思的东西写下来了。

正如十九世纪末的连载小说作家一样，马塞尔直到每次彩排前才交出他前一夜写的稿子。这种悬念对导演来说是不能容忍的，因为他不知道第二天将要做什么。演员们也让他很伤脑筋。康斯坦丁的戏份日益减少，可他却演得愈加卖力，拉穆勒不管谈什么话题，都要恶搞一番，而皮亚芙则总是迟到。

然而，当这出喜剧三月十日上演时，全场满座，这部剧应该改名为"ABC音乐厅奇迹"。评论颇有说服力。马克斯·法瓦莱利在《巴黎通讯》上预言："这个莉莉会变成大人物的。"作家罗歇·尼米耶在《费加罗报》上建议："快去听皮亚芙演唱。"可惜的是，三月二十一日，艾迪特因肠道感染不得不在富兰克林诊所住院八天。该剧于一九五一年三月二十九日至七月十日再度上演。

　　皮亚芙日后就是那个爱上了一个小混混的莉莉。她后来唱了莫诺写的一些动听的歌，她说，其中有一首是对她一生的总结：《别急，等等再说》。喜剧演出的成功是一回事，而她那甜蜜的爱情陷入危机又是另一回事。
　　也许康斯坦丁让他妻子来巴黎是个错误，但是她既然用爱包容了他的其他错误，这一次为什么不呢？
　　他们仍然是朋友，就像她和他的绝大多数前任一样。下一个已经来了，脚已经踩在了自行车的脚蹬上。这很正常，因为他是个自行车运动员。

12. **安德烈推开了康斯坦丁**

　　这个新来的钣金工个子不高，不过当一个人长相英俊、肩膀开阔、言语间带着些痞气、自然而然有一种让女人们不寒而栗的威严时，身材上短几厘米又有何妨？

　　安德烈·普斯是巴黎冬季自行车赛场上的传奇人物，自行车运动艺术家，六日自行车赛选手。他先后当过冒险家和海地的大富翁，后来破了产，又做过美国联邦调查局特工和经纪人，最后是演员。三年前，他在纽约曾遇见过皮亚芙，当时他正在曼迪逊广场公园跑步。后来他帮路路·巴里耶组织巡演，在ABC再次遇见她，那时她正在那里出演马塞尔·阿沙尔的音乐喜剧。一天晚上，他去她家里吃饭，后来他们进了楼上的房间，当那一刻来临时，她说："哦，不！安德烈，第一天晚上不要。"

　　普斯于是明白，皮亚芙尽管名噪一时，她想要的，却并不是性，而是大写的爱。不过，五个星期之后，他们已经在布洛涅-毕扬库尔的甘贝塔大街五号寓所里住下了。第二天，他发现床头柜上放着链形手镯、打火机和手表。成为"老板"的他，脑子里只有一个想法：替这个经常被吃白食者入侵的王国清理门户。而她则想让他成为引人瞩目的男人，就像她对所有走进她生活的男人的期待一样。

　　"你有这样的小腿肚，应该再去参加比赛。"

　　"我没自行车了！"

"自行车，我给你买。"

安德烈于是告诉她，他已经厌倦了肌肉训练。这种态度也许减少了艾迪特花在他身上的时间。

普斯曾与境遇主义历史学家洛朗·肖莱合作，在知识草原出版社出版了一本书，他在书中说，那是难忘的八个月。在这十分充实的八个月中，他坚持让她停止饮酒，有时他对教规的严守也会获得成功："艾迪特，你要跪着对我发誓不再……"

他坚持让她早些睡觉。可是失败了，其间争吵不断！他还执意要取消掏空了她银行账户的招魂仪式。终于有一天，他怒不可遏地砸碎了那只传奇的独脚小圆桌。

"你砸碎的不是我的小圆桌，而是我的幻想。"艾迪特说道。

过了一段时间，他们遭遇了一场车祸，阿兹纳伍尔保住了自己的鼻子，普斯的腕腱断裂，皮亚芙肱骨骨折，直到用了吗啡，她才停止嚎叫。

普斯叙述说，一天晚上他们发生了争执，她将那三件具有象征意义的礼品扔出窗外，接着又惋惜地说："那是我用心准备的礼物，我要把它们找回来。"

"想再把它们找回来，可不是件容易的事。"安德烈说。

然而，在一番认真的搜寻之后，它们终于全被找回来了。

"是上帝，是上天的旨意！"皮亚芙欢呼起来。

于是他们又手拉着手，像一对恋人似的回去睡觉了。

接着，时间在流逝，争吵一场接着一场，不眠之夜一个接着一个。寄生虫们又回来了，因为他们太过饥饿，普斯也没了幽默感和嘲讽之趣。

一天早晨，为了避免见到艾迪特，他早早起来收拾行李，然后约阿兹纳伍尔一起喝咖啡。

"你要走吗?"阿兹纳伍尔问他。

"嗯,是的……"

"如果你走了,明早我也走。"

"你疯了,这里有你的住所和你的饭碗。"

"你知道吗,近九个月以来,我都把你当成老板了,我想我很难受得了下一个……"

他离开艾迪特之后,仍然为巴里耶工作,后来又负责料理约瑟菲娜·巴克、亨利·萨尔瓦多、佩蒂拉·克拉克和约翰尼·哈里戴①的事务。他接管了红磨坊的艺术总监的职务,成为埃尔维斯·普莱斯利②为数不多的几个法国朋友之一,后来还经营过火车头夜总会,Who 乐团、Moody Blues 乐队和汤姆·琼斯③都曾在那里演出。

再后来,他成了米歇尔·奥迪亚尔的自行车友,在奥迪亚尔所有的电影里都有戏份,其中在《我们别生气》和《舰长》里还与让·迦本搭戏。

普斯走后,艾迪特一度沉迷于这种职业者的身体,一个个的自行车运动员从她生活中走过。后来接手的是多多·热拉尔丹,他是安德烈赛道上的伙伴,更高大、更文雅,不那么恪守教规,比安德烈温柔和蔼得多,只有一个不尽如人意之处:他的妻子是个不太文雅、极其恪守教规的人,她迅速让人监视他

---

① 这几位均为法国乐坛上影响巨大的歌手,安德烈·普斯均担任过他们的经纪人。——译注
② 埃尔维斯·普莱斯利 (1935–1977),即"猫王",美国著名摇滚歌手及演员。——译注
③ The Who 和 The Moody Blues 为成立于上个世纪 60 年代并走红的英国著名摇滚乐团。汤姆·琼斯,英国歌手,也成名于上世纪 60 年代,被称为"乐坛常青树"。——译注

们的通奸行为，以收回属于她的财产。艾迪特对多多感到遗憾，他有着一副铁砧般的双腿，和他的前任不同，他也不愿搅乱她的日常生活，但他太缺乏个性，难以在她的生活中站稳脚跟。

他们的故事简短得就像为期六天的冬季自行车赛。一九五二年一月二十二日，他们在里尔的一次演出间隙彼此给了明确的说法。

多亏了路路，艾迪特的工作日程安排得满满的。一月份，她要在里昂的则肋司定会修士剧院和阿兹纳伍尔、费利克斯·帕凯以及马路男孩乐队同台献唱，二月份和弗朗西斯·利内尔在马赛演出，三月四日在凡尔赛俱乐部，五月八日先在巴黎缪拉电影院，然后在天顶剧院演出，五月十六日在烘饼磨坊……她的心却始终是空荡荡的，她还没有找到下一个替代者。只有吸食麻醉剂带来的快感伴她度过漫漫长夜。

13. 银幕上的皮亚芙

一九五〇年至一九五七年，皮亚芙拍摄了五部电影，她在一生中共拍摄过九部电影。影片里可供挖掘的东西不多，事实上她只是把已经演唱过的音乐在银幕上再演绎一遍。

为了纪念巴黎建城两千周年，一九五一年，皮埃尔·蒙塔塞尔拍摄了电影《巴黎一直在歌唱》。她在电影里演唱了《爱的颂歌》，接着就从银幕上消失了，换上一大批歌手和艺术家，其中有伊夫·蒙当、蒂诺·罗西、让·萨布隆、利内·雷诺、乔治·盖塔里和安德烈·达萨里。她在接受巴黎广播电台采访时说："我想这应该是一部纪念巴黎建城的影片，人们让我唱了一首歌，我爬到巴黎圣母院的一座塔楼上，然后又下来，始终不知道电影里发生了什么！"接下来，人们就再也无法从她口中挖出哪怕是最微不足道的逸事和一丁点评论了。

在莫里斯·德·卡农热一九五三年拍摄的《巴黎"嘣"的一声响》中，她演唱了雅克·皮尔斯和吉尔贝·贝科的一首曲子《疯狂地爱你》，还有一首由皮尔斯和皮亚芙共同署名的《但愿我的歌很美》。夏尔·特雷内、朱丽叶·格雷科、安妮·科尔迪和利内·雷诺在影片里都有音乐片断。更加有名的是萨沙·吉特里执导的《假如凡尔赛宫对我说》，她在里面将《会好的》一曲演绎得让人久久难忘。这部电影聚集了当时最有名的男女影星，其中有电影艺术家兼喜剧演员奥森·威尔士，他是萨沙无条件的支持者。和萨沙一样，他也把戏剧化作为一种特殊风格去追求，这与英国电影的理念正好相反。

一九五四年十二月，让·雷诺阿①在他的长片《法国康康舞》中给了艾迪特一个小角色，她穿着"美好时代"②的著名歌手欧仁妮·比费的衣服，演唱了《石板路小夜曲》。这部电影成为那个时代的一张明信片，直到现在，电影爱好者们还在怀念上世纪三十年代雷诺阿在《游戏规则》一片中表现的形象和独创性。一九五七年，她在布洛涅的摄影棚与马塞尔·布利斯坦合作拍摄了她第二部真正的电影《明日情人》，电影剧本由皮埃尔·布拉瑟尔创作。她第一部担纲主角的电影是一九四五年与伊夫·蒙当合作拍摄的《无光的星星》。

皮埃尔·布拉瑟尔在回忆录《凌乱的生活》中讲述了关于她的极为美好的回忆，尤其是："你的心跳一加速，看上去总像是做错了什么似的……"

这一次，她的精神伴侣罗贝尔·达尔班陪伴着她，同在她身旁的还有阿尔芒·梅斯特拉尔。她演唱了由玛格丽特·莫诺作曲、米歇尔·里弗科什作词的《只要还有日子》和《假装爱我》，以及署名亨利·孔泰的歌曲《明日情人》和《芬兰的雪》。

---

① 让·雷诺阿（1894－1979），法国导演，为法国著名印象派画家皮埃尔–奥古斯特·雷诺阿之子，他执导的电影反映了20世纪30年代至50年代法国影坛的巨变，并对后来的新浪潮电影产生了深远的影响。——译注
② 指第二帝国灭亡到第一次世界大战爆发前的这段时间，即1870年至1914年。——译注

说到底，只有科克多真正理解皮亚芙，他的《冷漠的美男子》让人们看到皮亚芙同样有可能成为朱迪·加朗一类的喜剧演员。布利斯坦竭尽所能让她的才华表现出来，但他留下的令人难忘的电影作品并不多，只有拍摄于一九四六年的《碎石路》和一九五〇年的《比比·福利科丹》，但这两部电影还不足以让他得到电影界的承认。

14. 我们结婚吧!

一九六四年,联合出版社出版了皮亚芙的回忆录《我的一生》。她在书中写道:"塞尔当走后,我就任由自己堕落消沉,一直沉到深渊底部,毒品让我的生活变成了地狱。"

一九五二年,艾迪特陷入了不知所措的境地,令她不堪其痛的不仅是债台高筑,更是孤独。真正的忧伤总是在泪水之后袭上心头,就像科莱特·勒纳尔在《我们这些姑娘们》(莱奥·费雷作曲)里唱的那样:"姐妹们,你们在找什么?我们在找一个男人,你们看见了吗?"她看不见任何让她动心的东西朝她走来,她的经济状况也不再是一片蓝天。她不得不匆匆卖掉布洛涅的私人宅邸,向代表默片时代旧日荣光的康斯坦·雷米租了一套公寓,公寓位于第十七区佩雷尔大街七十二号。不过,诸如此类的烦恼根本无法和她的痛苦相提并论。"啊,如果我能像摆脱那套太过空旷的该死的房子那样摆脱痛苦,那该有多好!"

这一年,她在风湿病严重到让她动弹不得的情况下录制了《耶洗别》和"Padam Padam⋯",后者获得了一九五二年法国唱片学会大奖。在一段时间里,诺贝尔·葛朗兹贝尔一直在等与他的音乐相匹配的歌词,甚至连夏尔·特雷内写的词都没采用。最后,亨利·孔泰找到了解决办法,他在歌曲中融入了"Padam Padam⋯",它们带着城郊咖啡馆小油灯的色泽。一九五二年的春天为艾迪特家带来了燕子,也为她带来了曾在她和塞尔当的邂逅中发挥过作用的雅克·皮尔斯,那时他的妻子是吕西安娜·布瓦耶。如今他自由了，还带来了一首他和默默无闻的吉尔贝·贝科共同创作的歌曲。很快，艾迪特就爱上了《疯狂地爱你》这首歌，这让她想起米歇尔·埃梅尔的《手风琴家》，而高大的雅克则让她忘记了就在昨天，她还透过衣服给自己打针。

她觉得贝科也不错，说："吉尔贝是个南方的小伙子，长着一双西班牙式的眼睛，看起来肚子吃得饱饱的！"

不过第二天又来看她的是皮尔斯，他为了工作上的事来找她，在接下来的日子里，他又来找她则是觉得有趣。接着，事情迅速发展，人们还不相信这是真的，该来的就来了。

"我的第一任丈夫，"她对媒体说，"是我先向他提出结婚的！"皮尔斯写《疯狂地爱你》时毫不犹豫，这会儿却不敢给她戴戒指了。

尽管经济出现危机，可她还是买下了拉纳大街六十七号的一处新公寓，这是她在巴黎的最后一处居所。词曲作者和音乐出版者协会垫了一些预付款，好心的路路把剩下的钱补齐了，他喜欢看到她幸福的样子。九月二十日，她在纽约嫁给了雅克·皮尔斯。九月二十七日，他们的婚礼被记录在法国总领事馆的登记簿上。几天以后，宗教仪式在圣樊尚-德保罗教堂举行，地点还是在纽约。

雅克·皮尔斯本名勒内·迪科，上世纪初生于蒂勒，他很快就放弃了药剂学，转向舞台。他风度翩翩，歌唱得比弗雷德·阿斯泰尔好，但舞跳得一般。幸亏他跳三步舞时不至于跌倒在剧院的乐池里，他才拿到了巴黎最大的几家音乐厅的首笔薪酬。那时他遇见了钢琴家乔治·塔贝，决定和他组建一个二人组合。"我们成了另一个人。"当时他们这么想，就像后来的罗什和阿兹纳伍尔。

一九三二年，他们先是演出米雷耶和让·诺安的《睡在稻草里》，接着又演出了安德烈·奥尔内和保罗·米斯拉基的《我们在等什么》，获得了巨大成功。他们有着夏尔·特雷内的无忧无虑和奇思怪想，但绝难企及他的创作天分。战争爆发前不久，他们分开了。塔贝进了一家爵士乐团，皮尔斯一边继续独唱，一边思考拉布吕耶尔①的理念。拉布吕耶尔认为，一部思想上的杰作很少是多人合作的产物。他成功地演唱了布鲁诺·科卡特里和雅克·夏巴纳写的《头发在风中飘扬》，后来决定自己写歌词，其中有他与罗密欧·卡莱斯和路路·加斯泰共同署名的《带着他的尤克里里琴》。

在家庭生活方面，他的妻子吕西安娜·布瓦耶是歌手，也是《对我说爱》的创作者。他们的女儿雅克利娜曾以一首《汤姆·比利比》获得一九六〇年欧洲视界大奖，该曲的创作者是安德烈·波普和皮埃尔·库尔。

皮尔斯成了法国歌坛的大众情人和使者，他在美洲和欧洲各地演出。他坚持创作歌曲，更何况他的钢琴伴奏者吉尔贝·贝科也不乏作曲天分。

艾迪特和雅克在纽约顺利成婚。皮尔斯的证人是凡尔赛俱乐部的经理尼古拉·普鲁尼，皮亚芙的证人是玛琳·黛德丽。

---

① 让·拉布吕耶尔（1645–1696），法国作家，其代表作《品格论》是法国文学史上划时代的散文名著，对后世影响甚大。——译注

皮尔斯虽是二婚，但仍可以进教堂，因为上一次是非宗教婚礼。是日晚上，在华尔道夫饭店的鸡尾酒会后，他们在那家从此变得神秘的餐馆里以二重唱的形式戏拟了她和贝科合写的歌曲《它会叫，夫人》。后来，他们进行了近半年的演出，她在凡尔赛俱乐部，他在玫瑰人生剧院。他们被邀请去参加不同的电视节目，其中有"柏利古莫秀"以及"埃德苏利文秀"，该节目那天的头牌明星是亨利·方达。十月二十四日，他们在联合国教科文组织举办了一场演出。

接着，他们在蒙特利尔的奇迹酒吧举行了一系列演唱会，在好莱坞的莫坎博夜总会演出，一九五三年一月七日至十五日，他们又在旧金山的柯伦剧院演出。二月十二日至三月十一日，他们在迈阿密的里维埃拉酒店演出，月底返回巴黎。

新任皮尔斯夫人在此次作为新婚旅行的巡回演出中遇见了查理·卓别林，他在贝弗利山庄接待了这对夫妇。卓别林承诺为她写一些音乐，不过这始终只是个承诺。

就这样，艾迪特找回了幸福感。这虽然不是她和塞尔当曾有过的难舍难分的激情，但这一次她感到这是她"自己的"，她不需要和别人分享这个男人。三月二十二日，她回答《震旦报》记者采访时说："他很聪明，和他在一起，我从不觉得闷。他是唯一一个让我心甘情愿为他牺牲事业的男人。"

"那么您会为他做什么？"记者问。

"没什么，我会为他做妻子，对我来说这就够了。"

一九五三年春天，她想重新拍摄《冷漠的美男子》，这一想法得到了科克多的支持：由雅克代替保尔。片子仅仅持续三十分钟，后面分别有皮亚芙和她丈夫的两组歌曲。没有一个制片商愿意冒险，皮亚芙决定投资这一计划。如果说评论界对于歌唱部分的意见一致，当提到电影时，则多有保留意见。确实，"魅力先生"（正如美国人给他起的绰号那样）并未成功地变成"冷漠的先生"，而保尔·墨里斯饰演这一角色时，也未扭曲自己的本性。《法兰西晚报》发表了一篇题为"一场夫妻同台的独唱音乐会"的文章，但文章对科克多只字未提。

在艾迪特一九五三年五月在马里尼剧院演唱的歌曲中，人们记住了米歇尔·埃梅尔的《威尼斯情人》和《曼努埃尔别去》，更记住了亨利·孔泰的《好极了，小丑》，该曲由马塞尔·卢伊吉谱曲，亨利更希望是玛格丽特·莫诺谱曲。然而就像往常一样，皮亚芙有最后决定权。歌曲首演的那天晚上，雅克的前妻吕西安娜·布瓦耶前来祝贺她。歌星的圈子就是个大家庭……

从此，日常的爱情走进了皮亚芙的家。这是一种平淡的、近乎友谊的爱情。只有这一次，艾迪特无需做皮格马利翁。就像蒙当一样，皮尔斯也是个不会侵犯她权限的明星。她无需将他推至万众瞩目的地方，他已经在那里了。更好的是，他们能够互补，雅克的欢乐能让艾迪特更加坚强地承受悲痛。

因此他们不会针锋相对，反而共享嗜好。酒瓶总是在桌上，经常还会出现在床底下。一群欢乐的、饥渴交加的唯利是图的人侵入这对新婚夫妇的爱巢。人们卷起地毯，阿兹纳伍尔毫无章法地教人们跳华尔兹舞。如果这还不是幸福，却也有些像了。

媒体在艾迪特绝望的时候，总希望有些欢乐的题材可供报道，但到了这时却忧心忡忡。一九五三年四月二十四日的《世界报》上，克利斯蒂娜·德·里瓦尔发表了一篇题为"皮亚芙资产阶级化了"的文章，这位未来的小说家缺乏远见，其实她应当说："艾迪特喘了口气。"

先是感情上受打击，接着又过度依赖吗啡，这样的几年生活让她成了一小堆烟灰，一阵微风就能把她吹散。皮尔斯知道她酗酒，却不知道她也嗜好那来自地狱的粉末；他知道她痛苦，却不知道她已上瘾成癖。人们所期望的惬意是在痛苦前来到，还是恰恰相反？我们也可以相信遗传。皮亚芙的祖母直到醉死才安然入睡，她母亲死时胳膊上还插着一根针。她听从雅克的意见，住进了默东的贝尔维诊所。

她在那里受了三个星期的煎熬，备受戒毒的折磨。出来时，她已经筋疲力尽，但表面看来毒瘾得到了控制。医生们警告她，只要走错一小步，就会前功尽弃。她可不是个简单的病人。皮尔斯尽了全力，但不久就失去了耐心。

为了做出表率，他身体力行无酒饮食，并向所有喝酒的人关上大门。屋里没什么人了。他们俩去皮尔斯在蒙德马桑的住所休假。媒体最终打消了登门造访的念头，然而《西南日报》的记者却最终受到了接待。"对我而言是彻底的休息，雅克则是不得已而为之。"艾迪特说。然后，她又抱歉说不能像往常那样开一两瓶酒了，"屋里只有水，不过我可以请您冲个淋浴！"十二月三十一日拉纳大街的年夜饭是严格意义上的家庭聚餐：雅克的女儿雅克利娜，塞尔当的三个儿子勒内、马塞尔和保尔，还有一棵巨大的圣诞树。这见证了她新的生活方式。

一月二十四日，艾迪特收到百代-马尔科尼公司为她塑的一双铜质手模型，以纪念她的唱片卖至第一百万张。模型是由吉尔贝·贝科带来的，那时他已经成为同一家公司的艺术家。皮尔斯说："我求得了你的一只手①，没想到人们竟然还了你两只！"

第一百万张唱片的售出并未让皮亚芙的财政状况走出红色危险地带。她赚得多，花得也多，于是她陷入了漩涡，完全无法自拔。

后来，她亏本卖掉了很少光顾的德勒附近的农场，以及那些她从未穿戴过的珠宝和皮草。

由于各种各样的活动，雅克经常不在家，毒品贩子们便找上门来。她不给他们开门。她承诺过的。

美洲再一次召唤她。她独自前往，那时她丈夫正在伦敦演出。分离对于他们每个人来说似乎问题都不大。他们之间没有充满柔情的日常通信，只是用电话保持联系。

皮亚芙制造了第六次美国奇迹。这个代表了欧洲的法国女人的歌声，令克里斯托弗·哥伦布的后人们百听不厌，她开始用他们的语言演唱。尽管皮尔斯不在，她在纽约还是很幸福，虽然她的英语还不足以让她深入他们的灵魂，但她已经能够较好地理解这些美国人，进而对他们作出评价。

在他们的美国经纪人埃迪·刘易斯过世后，一九五三年三月，埃迪·艾尔坎弗尔成了路易·巴里耶在美国的同僚。他的第一项创举就是在招贴画和节目单上更换雅克·皮尔斯的名字，因为皮尔斯（Pills）在英语中的意思是"药丸"，这"太难下咽了"。他说。从那以后，雅克就用 Peals 这个名字演出。皮亚芙的巡回演出从纽约开始，一九五五年五月，雅克和她在蒙特利尔大剧院碰头，他们在同一个演出计划中联袂献唱。她的演出

---

① 意为向她求婚。——译注

一直持续到一九五六年五月。

艾迪特离开法国十四个月，其间旅行了数万公里，大大小小的旅行箱装好后又被拆开，多少次这对夫妻各自辗转颠簸，然后又在人们的掌声中重新聚首。加拿大一行之后，他们又去华盛顿演出，接着是好莱坞。在那里，他们被介绍给马龙·白兰度，后来，他们又去了达拉斯的露天音乐厅，再后来是好莱坞的莫坎博夜总会，最后回到纽约的凡尔赛俱乐部。一月四日，巡演达到了顶峰，她在神秘的卡内基音乐厅举行了一场音乐会（当时她以为这仅此一次，但第二年她又重返卡内基的舞台）。

第五十七号街和第七大道的拐角处，人们顶着纽约冬日的严寒，排起无边无际的长队，他们中将有一万个幸运儿。自拉法耶特①之后，美国还从未用如此热烈的掌声欢迎法国！皮亚芙出现在曼哈顿最不对外国人开放的舞台上，她没有一丝矫揉造作，身着黑色小礼裙，在一阵雷鸣般的掌声和尖叫声中唱完一组歌曲。人们要她唱《威尼斯情人》，她用英语解释说，她想先唱一首新歌《摩托车上的男人》。歌曲的作者是杰瑞·礼伯和麦克·斯托勒，他们在那个时代为包括埃尔维斯·普莱斯利在内的美国明星们创作了大量作品。让·德勒雅克把《摩托车长统靴和黑色丁尼布裤》改写成法语歌，这个摩托车的故事成为她在北美，继而在法国最受欢迎的作品之一。皮亚芙在美国演艺界的圣殿演唱了二十多首歌，其中包括同样出自德勒雅克之手的《巴黎天空下》、亨利·孔泰的《好极了，小丑》以及由德

---

① 拉法耶特（1757－1843），法国将军和政治活动家，1777 年自备舰只，募集人员，参加北美独立战争。1780 年任华盛顿前卫部队司令，被誉为"新世界的英雄"。——译注

勒雅克这位时代红人重新作词的《皮埃尔先生》。观众们站起来为她喝彩，接着，舞台深处的幕布拉开，由罗贝尔·肖维尼指挥的乐队出现在人们眼前，更是让观众们兴奋不已。

和阿兹纳伍尔一样，皮亚芙死后四十多年，她的唱片在新大陆仍有销售，这样的法国艺术家为数不多。她传奇的一生，她那深藏的才华跨越了国界。

由艾尔坎弗尔组织的这场巡演又先后在古巴、迈阿密的枫丹白露夜总会、墨西哥、科帕卡瓦纳的金色大厅和圣保罗的勋爵饭店的夜总会举行。

艾迪特再次在纽约参加"埃德苏利文秀"，又在巴西参加了一系列电视节目。

正如塔西陀[①]所说："Majore longinquo reverentia。"（"远行可以延誉。"）

从《法兰西晚报》到《解放报》，法国国家媒体用头版头条欢迎她归来，报道洋溢着思念和热情。

计划日益增多：各种各样的宴会，广播电视节目，不过最重要的还是筹划在奥林匹亚歌厅的演出，此事由布鲁诺·科卡特里于一九五四年接手，这也是他的梦想。

二月五日，吉尔贝·贝科作为吕西安娜·德利勒演出的客串，成为第一个登上卡皮西纳大道音乐厅舞台上的人。后来，当时最受欢迎的艺术家们都在那里演出：夏尔·特雷内，"歌伴"演唱团，安妮·科尔迪，雅克·布雷尔，一个新的滑稽二人组合"普瓦雷和塞罗"以及许多其他演员。

---

① 塔西陀（约 55 – 120），古罗马历史学家。——译注

现在，该到皮亚芙的名字在红色的霓虹灯招牌上闪闪发光的时候了，她很快就接受了布鲁诺的建议。她在勒普雷时代就认识布鲁诺，他在她事业的起步阶段曾助她一臂之力。一九五五年一月二十七日至二月十五日，人们为她制定了二十天的计划。在这之前，她先要穿梭于不同的音乐厅演唱，其中包括凡尔赛的西拉诺歌厅。重返巴黎舞台让她感到恐慌，她甚至说，在她出生的城市，她要比在卡内基音乐厅里更怯场。

"她的情结让人感动。"莫里斯·舍瓦利耶说。

有人说，人临终前几秒钟会重新看到自己的一生。加泰罗尼亚人也说，这几秒钟成就了永恒……

当皮亚芙登上奥林匹亚歌厅的舞台时，她经历了这种终极的视界。"那一刻我什么都看到了，"她对《法国－礼拜日》的记者说，"马路，我父亲的吻和惩罚，我的荣誉军团士兵，科克多，我的《冷漠的美男子》，百老汇，曼迪逊广场花园，和天使在一起的马塞尔……"

借助五首新歌和她以前的成就，皮亚芙轻而易举地赢得了奥林匹亚之战，就像波拿巴一七九七年击溃皮埃蒙特人和奥地利人那样轻松。她返场二十二次，重唱了十五首歌，累得筋疲力尽，却难掩满脸喜悦之情。她的牙齿比那些等她回去的野兽们还要坚硬。

面对足以说明问题的事实，那些不愿在她身上下赌注、只会散播流言蜚语的人只得承认自己的错误。

皮亚芙吸食毒品，皮亚芙醉生梦死，皮亚芙身患重病，皮亚芙被流放，皮亚芙来日无多，所有这些搅得他们心神不宁。皮亚芙身边有一批近卫队士兵，她常常拿他们当混蛋，可他们偏偏爱她这一点：路路、拉吉特、皮尔斯、阿兹纳伍尔、米歇尔·埃梅尔，还有一个新人克洛德·菲居斯，他后来成为她的秘书，专门负责"去——找"。他一直暗恋着她。

科卡特里的侄子让·米歇尔·鲍里斯最初只是个机械工，后来完全凭借自己的努力成为扩音设备技师、照明设计师、舞台监督、艺术总监，最后进入经理办公室，他回忆道：

"我在不同的岗位上工作时，曾多次遇见皮亚芙。我从未直接和她说过话，开始是由于腼腆，后来是因为我属于小众圈子，这与我们当时的舞台监督杜杜刚好相反。她很喜欢和她一样来自于大众阶层的杜杜，她把他叫做'我的小脸蛋'。从一九五五年开始，一直到她最后几场音乐会，她每次晚上在奥林匹亚演出，我都会听她唱歌。我觉得就像经历了一些非凡的时刻。帘幕一打开，她和观众之间就像产生了一场巨大的吸气运动，其间混合着能量和爱，这是观众和她之间一种不可触知、然而却是切实存在的交流。只有极少几位艺术家登台时，我才能感受到类似的力量，也许塞尔日·雷贾尼和芭芭拉算得上他们中的一员。"

四万多观众前来为她捧场。每天售票处都要拒绝许多观众。每天晚上，奥林匹亚歌厅都险些超出警察局允许的容客范围。演出过后，拉纳大街上，皮亚芙走在最前头，由追捧者们的一长串轿车护卫。什么人都有，先是具有合法地位的人士，作词者、作曲者，接着是身边的朋友——路路，夏尔，莫莫娜，克洛德·菲居斯，当晚邀请的嘉宾和经常吃白食的人。人们喝着啤酒（这是艾迪特的新嗜好），在长沙发上啃着肉食，评论着演出，听着唱片，一直闹到很晚。菲居斯以为啤酒不会对他的老板有害，一杯接一杯给她斟满，她一直喝到凌晨。这个为爱痴狂的可怜人，没有意识到自己正在将她推向致命的悬崖。

评论界对她大加赞赏。"快去看她，"《法兰西晚报》的马塞尔·伊兹克斯维奇说道，"毫无疑问，法兰西女歌王艾迪特·皮亚芙是第一位现实主义歌手，她像所有冠军一样，能发挥出自己的水平。现在，她在任何一片土地上都是不可战胜的。"

《世界报》记者克洛德·萨罗特写道："她被叫做'伟大的小巧的善良的歌女'，人们很乐意接受她！真是极度兴奋！她出现时，就像一个极小的光影点，迷失在巨大而空旷的舞台上。喧嚣的喝彩声和经久不息的雷鸣般的掌声把她牢牢地拴在话筒上。"

所有这些热诚都无法阻止皮尔斯夫妇的关系进一步陷入僵局。德勒雅克的出现让皮亚芙回想起自己是从那些"小酒馆"起家的。德勒雅克是《摩托车上的男人》的改编者和《白葡萄酒》的词作者。她要求带他参加朋友间的晚宴。"他很有才华。"她介绍说。也许他有着比才华更多的东西。她建议他在作曲家亨利·索盖的音乐基础上写一首词，这就是后来的《卖艺者之路》，在这里，流行与诗意相遇。词作者并非对艾迪特无动于衷，只是一开始这首芭蕾舞曲确实让他感到困惑！他花了两个月的时间来写歌曲的主歌和副歌歌词。"诗歌就像是爱情，勉强为之无法让自己得到任何保证。"

尽管如此，她还是再次邀请德勒雅克一起工作，不过这次是在她休息的莫尔济讷。那时，她的丈夫正在辗转演出。他与他的美人之间隔着千山万水。

埃迪·艾尔坎弗尔建议皮亚芙签订美国之行的新合同，并准备一九五七年一月十三日卡内基音乐厅的第二次独唱音乐会。这次巡演将于一九五六年十二月在好莱坞开始，卡内基音乐厅的音乐会之后，皮亚芙还要去费城、蒙特利尔、古巴、芝加哥、布宜诺斯艾利斯、里约热内卢、圣保罗和纽约的华尔道夫-阿斯托里亚酒店演唱。总共七个多月的时间，计划里不包括皮尔斯或者说 Peals 先生。

雅克放弃了。"我太老了，无法开始一种面首的生活。"他说。皮亚芙回答道："让我独自一人是很危险的事。"说着，她在合同上签了字。不久，他们宣布离婚。此前一年，她曾写道："一段伟大的爱情画上了句号。"这是一种什么样的爱情？

她与让·德勒雅克之间的风流韵事是秘密进行的！他是个已婚男人。她在马利布租了一套别墅，把他们的爱藏在了棕榈树下。

她在卡内基音乐厅的第二场独唱音乐会比上次稍显逊色。她在纽约得了支气管炎，接着引起了根深蒂固的结膜炎。人们低声建议她取消音乐会，她什么也不想听，她让艾尔坎弗尔给她找一个能够让她在台上坚持两小时的医生。他找到了，她坚持了下来。

这就像是在拳击赛中，那个接连挨揍的人始终不愿在对手或命运面前跪倒，虽然这二者都对他说放弃。开场时，她演唱了美国版的《一日情人》《疯狂地爱你》、尚未在法国演唱的《老兵》和由皮埃尔·德拉诺埃作词、雷蒙·阿索谱曲的《一个小伙子在歌唱》，当然还有英文与法文版的《玫瑰人生》以及她所有的成名曲，其中包括《好极了，小丑》和《手风琴家》。帷幕落下时，她说她想睡上一个星期甚至更久……这是空想，她的合同中并未安排任何休假，只有一长串未来几天将要进行的音乐会名单。

凑巧的是，她在布宜诺斯艾利斯遇见了皮尔斯，他们同住一家宾馆，并在戴阿托歌剧院同台演出。在他们还没有正式离婚之前，媒体已经想着让他们复婚了。又是空想！

　　第二天，他们各自乘坐飞机飞往不同的方向，德勒雅克也消失了。她形单影只，感到无尽的孤寂。路路来找她时，发现她醉倒在床上。"如果你的观众们发现你这样，他们可不会为你鼓掌！"他说。

15. 人群在她的行李箱里

　　每当艾迪特感受到激情时，她都会用手抓住它！在布宜诺斯艾利斯举行一系列音乐会期间，她被介绍给秘鲁作曲家安热尔·卡布拉尔，他在圣菲大街的一家夜总会唱歌。让她动心的，不是这个个头比阿兹纳伍尔还小的男人本身，而是他写的一首华尔兹舞曲，她不懂歌词的意思，但旋律却嵌在了她的脑海里！

　　回到巴黎后，她取得了这首曲子的引进权，她并没有翻译歌词。在她建议下听了卡布拉尔这首曲子的人们一致认为，要想摆脱这首曲子还真不容易！玛格丽特·莫诺说："真希望是我写了这首曲子。"按照后来成为该曲发行者的大都会音乐出版社皮埃尔·里贝尔的建议，总是向新合作伙伴开放的艾迪特将这首始终萦绕在她耳际的华尔兹交给了一个不引人瞩目的词作者，那个留着一撇细胡子的人曾为她把美国歌曲《艾伦镇监狱》改编成《罗伊的监狱》。

　　"您光从音乐中获取灵感就可以了，"她建议道，"您是个富于想象的诗人，我对您的才华有信心。"

　　"我会尽力的。"米歇尔·里弗科什答道，脸红得像一个领圣体的女人，他的真名叫安东尼奥·吕兹。他做得很好。《人群》这首来自安第斯山区的歌后来风行巴黎，在诺让，人们把它作为舞曲。里弗科什的词与音乐配合得天衣无缝，以至于人们以为先有词后有音乐。人群这一主题后来又出现在其他艺术家的笔下：二十世纪七十年代米歇尔·贝尔热为弗朗斯·加尔写的《如何对她说?》，一九八二年威廉·塞勒的《我在人群中》，一九九〇年莫拉纳的《你在哪?》，一九九七年伊莎贝尔·布莱的《在同一个假象中迷失》。然而就像往常一样，虽然皮亚芙总是祸福参半，却始终能够做到出类拔萃。这首《人群》为她独有。一九五七年，她与纽约的华尔道夫-阿斯托里亚酒店签订了三季合同，这让她的未来有了保障。世界巡演结束回来时，她变得比往常任何时候都更加富有。

美洲之行的积蓄把她的银行账户充塞得满满的，就像五百法郎的钞票填满了她的手袋一样。她很少将手袋丢在一旁，不是因为怕丢了手袋里的钱，而是因为在口红、安定药和面霜间躺着马塞尔的照片和圣母牌。词曲作者和音乐出版者协会的版税天天累积，正当红火的唱片市场的提成更是源源不断。

她本可以休息一下，让伤口愈合，养精蓄锐，但所有这些她都不懂。两年时间里，她只在拉纳大街过了几个星期，尽管如此，新星的出现还是让她焦虑。如果说天性放肆的布拉桑并不让她害怕，布雷尔，尤其是人们为之痴狂的贝科却着实让她担忧！她总是害怕被忘却，这种恐惧来自童年。她最美的爱情故事，正如芭芭拉后来唱的那样，是她的观众。"我最美的爱情故事，是你们……"我们从来不该远离那些爱我们的人。

不过她还是在路路的房子里休息了几星期，然后很快就想到了奥林匹亚歌厅，一九五八年二月六日至二十五日，她要在那里演出，后来演出又从二月二十六日延长至四月八日。这时她开始了与费利克斯·马滕的关系。他很高大，人们以为他是个卓越的人才，其实他恰恰是一个放肆无礼、非常恬不知耻的人。虽然他会讨她欢心，但她很快就看清了他的嘴脸，不过出于好玩，她把交往的最后期限向后推迟。自从塞尔当去世和她离婚之后，艾迪特就明白，对她来说，生命中的男人只是个幻想。她感情上的失败已确信无疑。她觉得，男人就像玫瑰花，成束的才好看。在马滕的问题上，没什么紧急的，重要的是不让自己落单。她也没有落单。

她身边有画廊经理安德烈·舍勒，有才华横溢的吉他手亨利·克罗拉，后者又把穆斯塔基介绍给了她，还有一些昙花一现的人，如诺贝尔·葛朗兹贝尔。

所有这些情郎在她的寓所里交错而过，就像费多[①]的戏剧里上演的那样。他们围着她跳轮舞，而所有人中只有她一个人懂音乐。最后她向马滕敞开了心扉，她感受到他变化中的才华，对她来说，这就像是一种糖果。

布鲁诺本来希望由其他人来客串她的演出，但最终还得由她来定夺。

在聪明的小狗、手技、库尔图瓦[②]的腹语、名叫奥梅尔的小木偶和一群杂技演员亮相之后，费利克斯·马滕唱了九首歌。节目单里介绍说，他是伊夫·蒙当第二，有着卡里·格朗式的幽默。节目单上签着艾迪特·皮亚芙的大名，她知道自己在说什么！二月八日，克洛德·萨罗特在《世界报》上写道："他长相英俊，行动潇洒，有几分贵族气，只是他那十六区淡淡的英国口音让人有些不适。若不是一大群杂技演员在跷跷板上活蹦乱跳，晚会的开头还真是无趣。可惜他们出现的时间太短，只

---

① 乔治·费多（1862－1921），法国19世纪晚期和20世纪初期著名喜剧作家。——译注
② 雅克·库尔图瓦（1928－　），法国腹语表演者，运用木偶进行表演，有小狗、奥梅尔等。——译注

是为了吊吊我们的胃口。皮亚芙总知道如何让人期待！"

参加各种重要首演的全巴黎名流齐聚一堂：埃德维热·弗耶尔、皮埃尔·布拉瑟尔、格雷科、弗朗索瓦丝·萨冈以及走在两列共和国侍卫中间的国家参议院前主席埃德加·富尔。人们用上所有王牌，让此次奥林匹亚之演成为一个重大时刻。皮亚芙演唱了莫诺和克洛德·德莱克吕泽合作的《像我一样》《一日情人》《这是在汉堡》、让·康斯坦丁和诺贝尔·葛朗兹贝尔的《我的诡计》《手风琴家》，还有其他一些已经成为经典的歌曲，其中当然包括《人群》。人们为她行美式喝彩礼，不过不是站着，而是坐着，因为这是在法国！

为何要忧心忡忡呢？诚然，年轻人成长起来了。雷蒙·鲁洛曾经拒绝听康斯坦丁的歌，但这名歌手却获得了由勒内·科蒂主席亲手颁发的唱片大奖，阿兹纳伍尔在奥林匹亚歌厅为西德尼·贝彻[①]作客串表演，接着，到一九五七年，他的名字出现在了艾勒汉卜拉宫歌厅海报的最上方，达莉塔一年内卖出了七百多万张唱片。然而面对艾迪特的蓝眼睛，这些小毛孩儿又算得了什么？她在奥林匹亚的首场演出全场爆满，而第二场演出的消息也已经公布出来。

和蒙当一样曾做过码头工人的费利克斯·马滕始终在那里，带着由罗歇·瓦尔内和马克·埃拉创作的《玛丽·维松》。他对奥林匹亚舞台的依恋，就像他对艾迪特，当然还有他妻子的依恋一样。他的演出引来了许多观众。他觊觎城堡，却又不想要

---

① 西德尼·贝彻（1897－1959），美国爵士乐手，萨克斯吹奏大师。——译注

里面的宝座和各种小玩意儿。他是个情人，必须在送奶工上班时间回到家里，艾迪特是一个年近四十，讨人喜欢的自由女人。人们所熟悉的，是代表了一种感情的艾迪特，而不是一个让人难以拒绝的尤物。不过，就像她的歌中最简单的词也是最美的词一样，她赋予自己的女性气质以无可比拟的容量。

也许她并不漂亮，却是光彩夺目的。许多人先是看花了眼，接着是看晕了头。蒙当在瑟伊出版社出版的书中写道："她有着无尽的魅力，"又说："她很美，大大的额头，大大的蓝眼睛，身材优雅匀称，双乳小巧，臀部无可挑剔。"夏尔·迪蒙总是强调说他不是她的情人，但他也同意蒙当的观点。"她很漂亮！"摄影这门艺术是不是会美化平庸，把魅力简化为一种姿态？冰冷的相片纸真是让人毛骨悚然！有时电影也许更能展现皮亚芙的魅力，尤其是在《无光的星星》中。也许她可以称得上是一个伟大的电影艺术家。不过舞台带给她的激情是无与伦比的；如果电影始终想保持低调，那它只能作为皮亚芙生涯中的一个补充。

16. 来了又去

她的爱情生活加快了步伐。费利克斯·马滕刚来到她的生活中，就已经离出口比离卧室更近了。"这个故事太短了，"他说，"故事里的我就是个跟不上赛车运动员的新闻记者！"他和艾迪特最后度过的日子，就像滑铁卢战役。他以为看到了得救的希望，就在这时，他遇见了一个希腊人，希腊人问他明星的化妆间在哪里！这位牧人式的人物不经意间表现出的美很快吸引了艾迪特。蒙帕纳斯的夜总会也未曾对她有过这样的吸引力。从某种意义上来说，这对她是合适的。她已经懒得去广交陌生人，那些人最后都会像蒙当那样说："她是帮我节省了时间，可我的才华却不是她给的！"

在最近的一次会见中，乔治·穆斯塔基告诉我们："幸亏有了亨利·克罗拉，我得以遇见艾迪特·皮亚芙。亨利和我在音乐问题上有一点小分歧，我们决定在某次见面时解决这个问题，于是我们约时间见了面。面谈结束时，我们感到有一股热情的激流在我们之间流淌，他建议我陪他去赴和皮亚芙的约会。我同意了，倒不完全是为了去见皮亚芙，也是为了能够把我们的谈话继续下去。克罗拉是我十分欣赏的一个音乐家，雅克·普莱维尔亲热地叫他'千足虫'，因为我们看他演奏时，觉得他有不止十个手指。他打电话给艾迪特，对她说他不是一个人来，她答应了。"

在他们谈论了一些事情以后，她问我做什么。我告诉她我写歌，有时也在蒙帕纳斯的夜总会唱自己写的歌。她让我给她唱几首歌，我唱了，不过绝没有想过要给她"安排"一首我的曲子。我是陪着亨利来的，没有任何想法，也许除了有一首歌，《女孩与茨冈人》，我觉得也许对她合适，后来她确实把这首曲子演绎得很美。

接着我们又见了面，感情发生了演变。我去为她捧过好几次场，她也来我演出的科里吉小酒馆听我唱歌。我们讨论歌曲，我给她演奏了几首我想到的曲子；说实话，我并没有千方百计地利用她心上人的地位为她提供材料。再者，她周围的人都才华横溢，玛格丽特·莫诺，亨利·孔泰……

我为艾迪特写的歌曲很少，这是因为我无法按需供曲。我要等灵感，等有想法出现……其他人则利用一首歌曲的机会，在某个艺术家唱的一组曲子里谋得一席之地。我觉得夏尔·迪蒙虽然很有才华，但他的曲目还是有些过于饱和，当然其中不乏很美的曲子，但还是有些……

我不知道艾迪特喝酒，至少不知道她喝那么多酒，因为她是偷着喝的。她常常情绪突变，难以预料，我开始以为这是应激反应和压力所致。但是数月以来，她变得越来越咄咄逼人，并且一直持续下去。

她准备去摩洛哥的马里内特·塞尔当家过几天，走之前主动向我承诺："我向你保证不喝酒。"可是回来后，情况变得更糟。一天，当着路易·巴里耶的面，我们之间的说话声音高了起来,我放声叫道:"你还是喝酒了?"路易把我拉到一边说:"你不知道吗?"

发现艾迪特酗酒让我大吃一惊。我们的关系开始恶化,她竟然违背她在完全自愿的情况下许下的诺言,我感到自己被背叛了,决定与她决裂。

几天后,她要去美国华尔道夫饭店举办一系列音乐会。路易·巴里耶要我和她待在一起,陪她去纽约,防止她情绪不稳定,保证她心情舒畅。尽管在我的脑海中,决裂之意已定,也许是因为我对她还很有感情,于是我同意了。与开始说的相反,我自始至终没有参加她的乐队,没有成为她的乐师之一。彩排时,我有时会用钢琴或吉他为她伴奏,但从未登过台。华尔道夫首演的那天晚上,她使尽了全力。音乐厅和美国电影界的所有巨星们悉数到场。

这个开端让她的美国之行充满希望,我放心了,以为已经完成自己的使命,告诉她我想回巴黎。为了让我待在她电话可及的范围之内,她建议我去佛罗里达,我同意了。为了让我开心,她还邀请了我的一个朋友,我们俩一同出发。让我觉得很累赘的是,这位朋友每天晚上都打电话给艾迪特,让她知道我的一举一动,这让我无法忍受。

当我得知她晕倒在舞台上时,我立刻赶往纽约去医院看她。她看起来好些了,我们讨论了一会儿,并以这样的最后通牒结束了我们的谈话:"如果你走出这个门,我们之间就结束了!"

我当然走出门去……她把一个美国画家带回了法国。

除了两次例外，我们之间并没有真正红过脸，不过后来我们也不再见面了。我们分手几年后，一天深夜她打电话给我，要我去看她。我去了，当然。她只是对我说，她想知道我会不会来，她能不能指望我。

第二次，她病得很严重。她知道自己将不久于人世，请我照顾好泰奥，别让他孤单。我照办了。

艾迪特从未把我作为一个艺术家、一个歌手大力举荐，她从未尝试过这么做。况且最初我自写自唱，本身就是想让那些能够重新演绎它们的人听到这些歌。和她在一起的这一年中，我遇见许多非凡的人：其中当然包括玛格丽特·莫诺，艾迪特在生命快要结束时疏远了她，还有亨利·孔泰，后来成为我经纪人的路易·巴里耶，米歇尔·西蒙和许多其他人……

她对别人打开门，对乔治则打开了窗户，况且他也不至于无所顾忌到在她阳台底下唱歌。有着希腊和埃及血统的穆斯塔基集地中海人的所有优点和所有缺点于一身：懒散，耽于声色，脾气暴躁，骄傲和稳重。

他打着哈欠为雅克·杜瓦扬写《远去的巴黎》，在《女孩与茨冈人》之后又向艾迪特推荐了《未开化时代的管风琴》、由亨利·孔泰作词的《你知道你很帅》及《伊甸园蓝调》，在她伤感绝望的保留曲目中，这首歌显示出难得的平和安详。《我的老爷》让她中了头彩。四十年后，这首曲子仍未过时。

一天晚上，我们在餐馆吃饭，她对我说她想到了一个歌曲的主题。她觉得，场景应该发生在伦敦，这样可以更好地描绘故事的背景——阴冷、沉郁、忧伤。

一对情人即将分别。我在纸质台布上草草地写下这几个提示词，并加了一个词"我的老爷"。她看了我的笔记，对我说："忘了其他的词，我的老爷这个词很有力，歌曲就应该围绕这个词展开。"

事隔一段时间，她去巡回演出，我们同住宾馆的一间套房。当我走进为我准备的那间房时，我发现了那家餐馆桌上台布的一角。我知道她是想让我写这首歌，只在灵感来临时写歌的我，知道那一刻到来了。我很快写好歌词，当我准备把它拿给她看时，我发现艾迪特就坐在我门口。她知道，她在等我。她作了一两处修改。我之所以没有尝试为歌曲配乐，是因为正如我说的那样，她周围不乏水平比我高的作曲家……

"音乐由拉吉特来写。"她作出决定，并立刻打电话告诉她歌词。当她回到巴黎时，玛格丽特上门来让她听曲子。更确切地说，这里的曲子应该用复数。因为考虑周到的她写了两组旋律。玛格丽特为她演奏音乐时，我就在隔壁房间。我听到同一段旋律重复了许多次，而另一段则一带而过。

当我和她们碰头时，她们已经作出了选择。就是莫诺反复演奏的那段音乐。而我更喜欢另外一段，就是我只听到一些片断、似乎被她们抛弃了的那段音乐。当时我还年轻，也许还有些冲动，我决定行使我的作者权，因为这段音乐将用来配我的歌词。不知道为什么，我成功地说服了她们，今天我们所熟知的这段旋律，就是我选择的。如果另一段音乐被采用，情况会怎样？永远不得而知……不论如何，另一首曲子后来再也没有被重新利用过……

他与皮亚芙之间形成了一种临时协定。如果她不干涉他的习惯，他也不会试图去让她改变自己的习惯。他是懒惰的使徒，但写歌时却谨小慎微。他总是在寻找合适的字眼、丰富的韵脚、无可挑剔的段落。那些他认为写得不完美的曲子，他宁愿锁进抽屉，而不去唱或建议别人唱它们。就这样，他花了六个月时间写《萨拉》，该曲后来由塞尔日·雷贾尼演唱。他的幽默常常是双向的，他写的《幸好还有大麻》被生态主义者和鲍勃·马利①的追随者们四处传唱。

他与拉纳大街上的核心人物一见如故。穆斯塔基并非一个野心勃勃的人物，她能接受他的曲子，他很高兴，但他从未想过要成为小麻雀节目单中的第一部分！他不想听她滔滔不绝的建议、想法和批评。他献唱的那些夜总会比他女伴的化妆间还小，他也从不声嘶力竭地歌唱。成名之前，乔治就开始担心被人抛弃，这是娱乐圈可怕的漩涡。

"就像一对夫妻，"他说，"如果想让这种关系持久，就要始终保持某种神秘。从事同一种职业并不意味着要分享共同的舞台。如果我们从未分离，又如何重新聚首？"

然而，随着时间的推移，皮亚芙变得越来越独断专横。她确信周围的人是一群蠢货，并且说了出来！要么服从，要么保持沉默。对于一个东方人来说，这可不是件容易的事。

---

① 鲍勃·马利（1945－1981），牙买加流行乐手，把牙买加 Reggae 乐带入欧美流行音乐领域。——译注

法布里斯·普里斯金曾摘录二〇〇五年九月十四日《新观察家》对穆斯塔基的采访，文中说："皮亚芙并不总是吟唱悲苦，她还有弗朗西斯·布朗什①的一面。我们假装上演家庭剧，让客人们看得目瞪口呆：'我叫你不要吃肉，这会养成你的臭脾气……'

"唉！我们也经常上演一些真实的家庭剧。她十分嫉妒我的过去。我有一只天美时表，那是旧日的一个情人送给我的。'这只可恶的表是做什么用的？是哪里来的？'我如实回答了，她气得满脸通红。不久之后，我在浴室里洗澡，她来敲门。'请先生选择。'只见宝诗龙的店员手里端着一个盛满手表的托盘对我说。这就是皮亚芙千千万万怪举之一。"

然而，所有这些幸福和慷慨都不足以掩饰他们的分歧。就像以前的安德烈·普斯一样，乔治最终也离开了她，但不是在喝着咖啡和阿兹纳伍尔见面的一个早晨，而是和她一同前往纽约。她回来时带的是另一个男人。

---

① 弗朗西斯·布朗什（1921－1974），法国演员，幽默作家。——译注

17. 美国恋人

　　自一九五八年起，皮亚芙本已脆弱的健康状况又敲响警钟，这本该促使她过上有规律的生活，多注意休息。

　　"真正的睡意在子夜前来临。"医生向她建议。

　　"可是医生，子夜前什么事都不会发生。"她回答说。

　　四月二十二日，她在奥林匹亚的舞台上头昏眼花，类似的状况接二连三地出现；一星期后，演出被推迟了二十分钟开始。

　　路路建议她去乡下。于是她在勒阿伊买了一幢房子，小城位于塞纳瓦兹省的孔代韦斯格尔河畔，一九〇五年，诗人若泽-玛丽亚·德·埃雷迪亚就在那里逝世。

　　那是个安静的地方，四周是草场和农庄。那里的气息她甚至从未闻过，这让她觉得厌烦。朋友们都不愿陪她来，离这里最近的酒吧在二十公里外的德勒路上。晚上八点钟，酒吧就关门了。

　　她的法国就是巴黎；其他的，丛林，乡下，都是世界的屁眼！

　　就像蒙当在歌里唱的那样，她和路路骑着车，行驶在"专为自行车开辟的道路上"。她找不到任何乐趣。"太多的空气让我疲倦。"她抱怨道。

　　在返回巴黎的路上，她又找回了欢乐。九月六日，她从

"氧气吧"回来，在十号国道一个叫"上帝的恩赐"的地方，乔治·穆斯塔基开的车钻入一辆危险驾驶的卡车底盘下。失去了意识的皮亚芙被送往朗布依埃医院，因为前臂腱断裂，她立刻动了手术。她在医院里住了三个星期，医生们认为总体状况不那么乐观。

十月五日，几乎是在同一个地方，她的车胎爆了，车停在路中间，还好路上没有其他车。后来她提到这个奇迹和上帝的手指，说上帝禁止她去乡下，那里空气虽好，路却很糟。路路摇了摇头，"那好，把房子卖掉吧！"他说。由于住院的缘故，她在华尔道夫饭店的一系列音乐会被迫推迟，直到一九五九年二月五日，她才和穆斯塔基启程去纽约。

在一次本无必要、却比往常更为激烈的争吵之后，他们分开了。他去了佛罗里达，她去了第五大道。二月十六日，她在华尔道夫舞台上感到身体不适。二月二十四日，她因胃溃疡住进了长老派教会医院。本来在华尔道夫演出之后要与卡内基音乐厅签订的合同也取消了。

住院期间，艾迪特接受了一场小手术。她在长老派教会医院住了好几个星期。

"她的状况令人担忧，"美国医生们说，"她血压很低，心律不齐。"她听见他们在她床边用一种不是她母语的语言窃窃私语，这让她十分紧张。她任由自己沉沉入睡。她很虚弱。

朋友们提着酒和巧克力来看她。被艾迪特戏称为"狱吏"的护士把所有东西都没收了，鲜花也不例外，为的是不损害房间里氧气的纯度。只有一束神秘的紫罗兰得以通行，一个陌生人每天都把紫罗兰放在医院服务台上。"他最终会被认出来的。"艾迪特想。他迟迟不露面。人们在他经过时监视他，却发现送花的是出租车司机，他声称不知道是谁将这个任务委托给他。艾迪特被惹恼了，整个医院上下都很担心。

"通知联邦调查局。"皮亚芙说。

最后还是路路捕捉到了陌生人的行踪。司机送花时，路路发现那个人就躲在黄色出租车后面。

"跟我来，"路路对他说，"我把你介绍给明星，我们已经浪费了很多时间了……"送花的男人叫道格拉斯·戴维斯，二十三岁，身材高大，相貌英俊，一双眼睛炯炯有神。他有着一定的绘画天赋，并希望以此为生。她看着这个可以做她儿子的男人，脸上有了光彩，血压也回升了，医生们不再围着她的床边窃窃私语了。

乔治·穆斯塔基看到媒体的报道，从佛罗里达赶回纽约打探她的消息，发现她正在病房里为一个美国男人织带袖的粗毛衣！不久前，她还用羊毛线为乔治织了一个方形吉祥物，他始终把这吉祥物藏在口袋最深处。"她好多了。"他想。

莫里斯·舍瓦利耶经过纽约时曾去探望她。"你恋爱了。"他开心地对她说。

三月二十一日，她被允许出院。然而好景不长，三月二十六日，一项检查显示她的红血球大量减少。人们连忙为她输血。她第二次接受手术，这次是肠道手术。

埃迪·艾尔坎弗尔和路易·巴里耶决定取消美国的所有合

同。损失惨重，其中还包括住院费，一切有用或无用的陪同人员的费用以及回程费用。五月九日录制的电视节目"火石秀"和后来参加的"埃德苏利文秀"填补了一些漏洞，不过这远远不够。此次美国之行在经济上是一场灾难。五月八日，艾迪特在纽约录制了《我的老爷》。六月十二日，她在蒙特利尔的贝尔维俱乐部演出，十六日，她被介绍给道格拉斯的父母，六月二十日，她离开纽约，带着她的新情人回到巴黎。从此，她再也没有返回过美国。她到巴黎时，记者们问她美国带给她的最深刻的印象是什么。她回答说："美国带给我的不仅是印象，还有个美国人！"

　　法国令道格拉斯流连忘返，他很快有了个绰号叫"杜吉"。身处巴黎这个许许多多的画家被发现和被重新发现的城市，他迫不及待地要去拜访他在美国的艺术杂志上看到和读到的所有东西：博物馆、蒙马尔特高地、塞纳河街的画廊、旧书摊、布尔戴勒①美术馆。可惜艾迪特没有时间去堤岸边闲逛，她也不想让其他女人陪着她的情人过马路。她这个年纪的人，不会轻易让那些属于自己的有着青春美的东西让别人夺走。"杜吉"备受宠爱，却被困在金丝笼子里，和那些让他费解的人们一起吃喝玩乐，谈论一些他丝毫不感兴趣的内容。

　　"我想做画家，而非歌手。"他对她说，让她回忆起他曾带她去过的三十五号街工作室，在那里，他向她展示各种画作，那时她觉得那些画 very good。

---

① 布尔戴勒美术馆原为法国雕塑家安托万·布尔戴勒（1861 – 1929）的工作室，在艺术家去世后巴黎市政府为纪念一代雕刻巨匠将其规划为美术馆。——译注

"我一直觉得它们 very good。"她肯定道,不过依然拖住他不放,就像人们拖住一只摇彩中得的长毛绒玩具一样。"这是我未婚夫中个头最高的一个。"她自豪地对她的女伴们说,"一米九九,几乎是我身高的两倍!我一直在大踏步前进,塞尔当一米七〇,康斯坦丁一米七五,穆斯塔基一米八八,马滕一米九四。我的征服珠穆朗玛峰之旅何日是尽头?"

道格拉斯被困在拉纳大街上,萎靡不振。皮亚芙的嫉妒心无限膨胀。"既然他想做画家,那就让他做个风景画家吧!"她想。她让路路撤回出售塞纳瓦兹寓所的广告。

在那里,至少不会有那些地狱的造物围着他转。她原本讨厌乡下和那些蝇虫乱飞的柴垛,可这一次却在那里逗留了十天。破纪录了!哎哟!她在蒙特卡洛的赌场俱乐部唱歌。穿着无尾长礼服的杜吉显得格外帅气。一共有十二场音乐会,她从戛纳一直辗转到拉博勒。一天晚上,她突然冒出一个怪念头!要她的大男孩带她去乡下,她爱上了那个地方。杜吉先是拒绝,最后答应开她送给他的雪佛兰带她去,不过他事先提醒他的女老板,他不知该如何在法国滑叽叽的小路上开车,路上经常有刺猬出没,令人猝不及防!

在离马恩河畔沙隆四十公里处,车发生了侧滑,陷在沟渠里动弹不得。她断了两根肋骨。他幸免于难,只是脸上被挡风玻璃的碎片划开了口子。巡回演出继续进行。事故发生三天后,皮亚芙在黑色的小礼裙下面裹着绷带继续演唱。又过了一段时间,她遇见了当时不甚有名的魁北克作曲家克洛德·莱韦耶。她建议他为她工作,而没有说和她一起工作。皮亚芙总是能预料到事情的式微。戴维斯代表了一种自然的力量,他无法忍受那样一群人，他们就像里弗科什写的那样，"同时拖着一切远走高飞。"艾迪特赋予生活的节奏对他来说太过强烈。

他需要安静地沉思，在黎明前睡觉，在日落前醒来。他不想让自己的身体依靠一颗药丸入梦，再依靠另一颗药丸驱走梦境。

"我到了这样一种程度，"他讲述道，"日和夜变成一整块，我一口气吞下去，分辨不出它们的味道有什么差别!"八月三十日，他们分手了。这个伟大的爱情故事持续了六个月。她受到沉重的打击，回家休息。她从未这么做过。为何在经历了巨大的哀伤后她会这么做? 一个个知己就像是圣赫勒拿岛①最后的老兵，接连走过。

九月二十一日，她因胰腺炎被送入讷伊的美利坚医院抢救。医院大楼被无法入内的记者、新闻片摄影师、歌迷、马路上看热闹的人、好奇者，甚至是她的知己们围得水泄不通。就像其他人一样，皮尔斯也无法进入她的房间。谣言愈演愈烈。皮亚芙的状况糟到了极点。为她主刀的贝尔奈医生不得不出来对所有想知道消息的人说话，他的公告令人放心："皮亚芙女士并未出现任何癌症病变，她太过疲劳，只能慢慢恢复。"

人们以为复活的时代到来了。

---

① 圣赫勒拿岛为大西洋上的一个火山岛，隶属英国。1815年拿破仑被流放到该岛，于1821年死于岛上。——译注

18. 可怕的岁月

"一九五九年,"她说,"我的心脏停止了跳动,我那离开爱就活不了的身体不再听我指挥。"

一九五九年六月二十三日《巴黎日报》刊登了一篇文章,题为"她的一生就是一系列高低起伏",文中说,"常新的爱情与成功和死亡相伴。正因为如此,我们爱皮亚芙。"

十一月二十日,她在默伦的一家影剧院重登舞台。全场爆满。玛琳·黛德丽前来为她喝彩。由路路策划的那次巡演定于十二月十五日结束。一共十六个工作日,演出地点包括鲁昂、亚眠、阿布维尔、勒芒、里尔、加莱、圣康坦……

在莫伯日,她因消化不良而感到不适。在德勒,她晕倒在舞台上,被送回巴黎抢救。十二月十五日至二十四日,她在默东的贝尔维诊所接受休眠治疗。

从此,她的演出有了几分壮丽、慷慨、挥霍的色彩和斗牛般的前途未卜。只缺折扇的"咔嗒"声为她助兴了。她既是美人,也是野兽,人们已经分不清她的观众究竟是来看她,还是来获知他们再也看不见她了这个消息的。她通常唱十二支曲子,一切安好,不过也可能唱多唱少,视她当时的身体状况而定。她是由药品造就的。需要给她打一针,让她睡觉,再给她打另一针,让她醒来。她的记忆越来越频繁地出现空白。她公开向人们致歉。人们为她鼓掌。

"我去休息十分钟。"她说道。

人们继续鼓掌。帷幕或垂下，或继续敞开，视机械工的心情而定。大厅里，人们讨论能够见她回来的几率有多大。没有一个人在动，座位上没有任何离场的迹象。乐池和楼厅里的人们都在等待艺术家的复活。

皮亚芙被架回化妆间，躺在长沙发上。随行医生、剧场里的执勤消防员以及每次都出席演出的路路和里弗科什都承认无能为力。

"好些了吗，艾迪特？"

沉默。

她的眼皮似乎合上了，可泪水涌了出来。

"好吧，"路路最后说，"看来要叫救护车了。"接着，当一切都似乎无望，至少那天晚上是没有了希望，化妆间空空荡荡时，艾迪特就像拉扎尔①一样，站起身，迈着摇晃不稳的步伐向舞台走去。

乐队再一次奏响《爱的颂歌》，它已经成为某一特定时刻的标志。皮亚芙简单地画了一个十字，再次唱起二十分钟前被迫中断的歌。

悲剧出现了转机。当朋友们、医生和消防员都建议她放弃晚上的演出时，她却拒绝躺在长沙发椅上，而是要了一杯她平时不喝的水，站在那里一边哭泣，一边用方形的吉祥物手帕使劲擦鼻涕。她抽噎着说："如果今天我不唱，从此就没人会相信我了。"

---

① 拉扎尔为《圣经》中人物，出现在《新约》，是基督第一个令其起死回生、走出坟墓的人。——译注

谁能阻止她重返舞台？帷幕再一次拉开。大厅内，人们抑扬顿挫地高呼她的名字。皮亚芙连声道谢，她甚至无需用歌声来结束演出。记者们不满足于单是喝彩，不停地问她：

"您怎么样了，艾迪特？"

"我很好，"她简单地回答道，"你们看！"

他们看见了一个瘦骨嶙峋的女人，面色苍白，像透明的一样；他们看见了一具精力衰竭、疲惫不堪的身体，稀落的红棕色头发藏在头巾后面，只有目光中透射着锐利和调皮的神色。

"您身体不适，为什么还要坚持演唱？"

"我的总体状态很好，只是有点累，会好的！"她肯定道。

十二月七日，由于大量服用右旋苯丙胺，她倒在了勒芒ABC影剧院的后台上。报纸称此次巡回演出是自杀性的。"她只要唱歌，就不会有任何事。"布鲁诺·科卡特里紧扣着十指，向人们肯定道。第二年年初，她将在奥林匹亚歌厅演出。

让·米歇尔·鲍里斯强调说："一种深厚的友谊和真正的情感将艾迪特和布鲁诺联系在一起。正因为此，她在路路的大力支持下接受了奥林匹亚歌厅的演出，也因此救了我们一命。从经济角度来看，她本来还有来自各方面更加有钱可赚的演出机会。路路在她歌唱生涯中的地位之重要，是我们永远也说不清的。他是个与众不同的经纪人。他从未成为她的心上人。那个人是马塞尔，并且只能是马塞尔。但是他绝对正直，理解艾迪特复杂的性情，知道倾听她的声音，并总是能给出很好的建议。"

克洛德·莱韦耶最终决定在拉纳大街那个隐蔽的角落里住下来。不是为了爱情，而是为了工作。"住在皮亚芙家，可以遇见全法国最有才华的人。对于我这样的陌生人来说，这真是一块独一无二的跳板，更何况我还是加拿大人！"不过，皮亚芙强加给和她同住一个屋檐下的人的那种生活节奏，他还是有些难以承受。她很少在日出前睡觉，通常在傍晚时醒来。她来到客厅，身后经常跟着拉吉特，拉吉特后面又跟着秘书克洛德·菲居斯，他把手里端着的茶杯和茶壶放在钢琴上。每日的音乐创作开始了。

她、加拿大人和米歇尔·里弗科什一起策划一场芭蕾舞喜剧《声音》，该剧最终未能面世，只留下一段录音棚里的录音。后来，她演唱了两首由莱韦耶作曲、里弗科什作词的歌：《暴风雨》和《罪恶之街》。另一首歌《堤岸边》本来要进行后期录音，但声音部分被取消了，只剩下事先录制的乐队录音带和在艾迪特家录制的彩排版本。

因为得了黄疸，艾迪特在贝尔维诊所度过了一九五九年的最后几天，这家医院的所有病房对她来说几乎都不再陌生。

一九六〇年的开头并不妙，一月六日至二十七日，她住进了美利坚医院。

上世纪六十年代初，曾经只在爵士乐中寻找另类音乐的年轻人发现了摇滚乐，在法国，那个年代被称为"摇摆年代"。

"那是个幸福的年代，流行的是轻浮。"鲍里斯·维安[1]说，他和亨利·萨尔瓦多，又名亨利·科尔丁以戏谑的态度，紧随着时代的潮流。

一番犹豫之后，唱片商们纷纷转向这一新的赚钱渠道。

然而舞台并没有向新的公众开放，只有成年人才能付得起演出的门票。当时向往成功的人很多，我们来不及都记住他们的名字，不过还是记住了约翰尼、西尔维、弗朗索瓦丝和克洛克罗[2]。这一新的潮流并没有让已经成为明星的人害怕，它不会把招贴画上的领头人物送上断头台。

对于艾迪特来说，一九六〇年就像上一年一样，伴随她的是恩赐和住院，互相交替。路路在里奇堡有一幢别墅，皮亚芙曾在那里休养，在脊柱按摩医生的精心照料下，她的风湿病康复得很快，初春时，她觉得自己已经做好了面对奥林匹亚演出的准备。"五月五日。"她对科卡特里说。科卡特里一直担心她的经济问题，这一承诺对他来说就像是上天的旨意。她带领由里弗科什、莱韦耶和玛格丽特·莫诺组成的特遣队开始工作，更好的是，她在黎明前就睡下了，"不是为了睡觉，而是为了休息。"

五月十三日至二十日，她在百代唱片公司的录音棚录制了七首歌：她与玛格丽特合作的《这就是爱》，罗贝尔·加尔和弗洛朗斯·韦朗的《妙不可言的情人》，雅克·普莱维尔作词、亨利·克罗拉作曲的《心的呼唤》，朱莉·布凯的《我是你的》，孔泰和莱韦耶的《老钢琴》。她的脸上又有了血色，连续几个小

---

① 鲍里斯·维安（1920－1959），法国作家、诗人、歌手、词作者、爵士乐手，音乐创作上长期与亨利·萨尔瓦多（1917－2008）合作搭档。亨利·萨尔瓦多为法国著名爵士演唱家、词曲作者。——译注

② 指法国歌手约翰尼·哈里戴、西尔维·瓦尔坦、弗朗索瓦丝·哈迪和克洛德·弗朗索瓦。克洛德·弗朗索瓦艺名为克洛克罗。他们均成名于上个世纪60年代。——译注

时谈论奥林匹亚歌厅的下一场演出，那里是她的希望之乡。

然而，出于谨慎，或是因为身体仍然太过虚弱，她让科卡特里推迟演出日期。一阵沉默，就像一声叹息。他问她："你还好吗，艾迪特？"

"好得很，布鲁诺，好得很！"

在她状态最差的时候，那些阿谀奉承的人远走高飞，留下一座冷清的宫殿，现在他们又回来了。她的举动让人们觉得他们似乎一直都在，然而，当他们依照传统亲吻她三次时，她却带着微笑盯着天花板望，在她面前，一切伪装都是徒劳。

19. 固执的迪蒙

在路易·巴里耶寓所里长时间休养之后，艾迪特回到巴黎。据说她好些了。一九六〇年九月二十日，阿兰·斯皮罗在《巴黎日报》上写道："光是艾迪特·皮亚芙的眼神就彰显着雄辩的力量。它向我们表明恢复了的健康、生的狂热和欢笑的需要。欢笑一直是这位伟大艺术家的特色。她在回答我问题时，俏皮话不断，还不时发出阵阵爽朗的笑声。"

"我觉得身体已经恢复了百分之九十，我比往常更加相信奇迹了。有了这样的经历，我什么都不怕了。"

"您打算何时再次登台演唱？"

"我向您保证，三个月后，我将做好重返奥林匹亚舞台的准备。"

这篇文章以及其他一些宣告她重获生命的文章让拉纳大街再次人头攒动，让艾迪特家的冰箱又塞满了东西。当皮亚芙去参加皮埃尔·德格罗普的节目"头版五栏"，向人们证实四处印刷的消息的真实性时，人们蜂拥前往她的住处，她家的门铃一度处于过热状态。公寓里挤满了一群乌合之众，就在昨天，当他们嗅到死亡的气息时，以为找错了门，随即消失得无影无踪。经过长时间的缺席之后，他们又回来了，不改放肆无礼的秉性，手拿酒杯，四仰八叉地躺卧在扶手椅上。皮亚芙接受了所有的背叛者，没有辛酸，也不激动。如果她真的离去了，这些人在或不在都不会改变什么。从那以后，她对于友谊和正直持十分怀疑的态度。她甚至认为，去全心全意地对待一张新面孔已经太迟。她的门总是敞开着，但她的心却关闭了。

她有勒普雷、科克多、拉吉特和路路，这就够了。她没有时间，也不再想让心血来潮或失望侵蚀自己。她还有玛琳·黛德丽，皮亚芙敬她如女神。任何人都无法取代玛琳在她心目中的地位。玛琳有着皮亚芙想要拥有的一切品质，审慎、优雅、高贵，还有一双修长的腿！

当夏尔·迪蒙走进艾迪特的生活时，已经太迟了。这不是他的错，恰恰相反。他多次试图向她推荐自己的歌曲，都被她冷漠地拒绝了。她批评他什么？难道是脸颊太平，眼皮长得像是没有拉好的窗帘，三十一岁就开始发福吗？艾迪特也有自己的怪念头！她无缘无故地喜欢或讨厌，从来不强迫自己改变第一印象。

"迪蒙把低音强加给我！"她说。

夏尔曾经为蒂诺·罗西、路易斯·玛丽亚诺、格洛丽亚·拉索、科拉·沃凯尔和玛丽·若泽写过曲子。二十世纪五十年代末，法国欧洲一号广播电台曾举办过一场选拔赛：法兰西歌曲金鸡奖大赛。由迪蒙和著名词作家米歇尔·沃凯尔合作的《当苏菲跳舞时》获得一等奖。他的作品随即畅销起来。夏尔可不是个凡人！即使是，这也不会成为障碍。米歇尔·埃梅尔最初来到艾迪特钢琴边时，他只不过是个下士！

另外还有些事本来能够拉近他们之间的距离，比如他们对于娱乐圈的疯狂和非理性的抗拒，对于描写爱情和艰苦生活的歌曲的喜爱。夏尔做过生意惨淡的酒吧里的钢琴师，还做过工厂零件分拣工，因此我们有理由相信，当时时机还不够成熟。与迪蒙合作谱曲的米歇尔·沃凯尔毛遂自荐。他们预约了一场会面，后来皮亚芙声称感到疲倦，通过电报告诉他们取消会面，可他们一直没有收到过那封电报！

艾迪特的秘书达妮埃勒·博内尔坐在前厅，建议绝望的夏尔另行预约，就在这时，奇迹出现，客厅的门竟然打开了！

"啊，你们来了。"艾迪特说，她趿着没有颜色也没有形状的高跟拖鞋，踩着小碎步，径直走到隔壁的大房间里。他们跟着她，就像是《圣经》里耶和华的见证者。

"你们弹来听听。"她把臂肘支在钢琴上说道。

二〇〇六年五月二十日，夏尔·迪蒙在接受采访时说：

> 讨论艾迪特是件很难的事。关于她的事，人们说了太多，写了太多……我不敢说了解真相，即便是她的家人也不敢这么说。像所有的人一样，她既有优点，也有缺点。我们每一个人都依据自己对人和事的感知去评判她。在一个人看来是优点，在另一个人看来却有可能是缺点。她属于人们称之为天才的那个复杂的种族，那些生灵在他们存在的某一时刻得到了稀有的恩惠，上天为他们准备了一件礼物。人们不知道天赋的才华来自于何处，这不是后天获得的。这是送给你的一件礼物，不过你需要配得上它。有时，有些人糟蹋了这件礼物，于是他或她又重新变成了普通的芸芸众生。

> 一九六〇年十月五日，也就是艾迪特去世前三年，我遇见了她。我在她的生活轨迹中逗留了一段时间，

认识了泰奥。他年轻，英俊，有许多心灵上的优点，而且代表了艾迪特一生都在追寻、有时也会遇见的男性典范：帅气的希腊男人。他和蔼，温柔，顺从。她有着他所没有的一切，而他有着她所不再拥有的一切。就像是盲人和瘫痪者，总之是一段美丽的爱情故事……我在这个圈子中度过了十八个月，经历了一些小事，了解了明星圈的后遗症，我想任何一个伟大的艺术家都难逃其弊。有时她会对一些幼稚的事情很敏感，而对一些非常重大的事件毫无知觉。不过可以肯定的是，她有着超乎常人的接受力和催化能力，是一架力大无穷的发动机。

这种天才表现为多种形式。首先是声音，这种超凡脱俗的声音，人们谈论的比听到的多。听了这种声音，谁不感到震撼？然后是她有一种与众不同的本能，使得她每听到一首歌就能明确作出决断，要还是不要。她很少判断失误。第一次听歌就能知道歌是否合适，如果合适就知道该怎么办，这样的艺术家不多。

就像所有年轻的作曲家一样，我梦想能够为明星作曲。那时的皮亚芙正处于事业的巅峰，她不想听人们谈起我，拒绝接见我。后来她终于不再坚持，同意见我。我为她演奏了《不，我毫不后悔》，她让我再弹一次，最后说了一句让我不太高兴的话："这首曲子真是你写的吗？"可见当时她对我的印象有多差。

一阵沉默之后她又说道："你知道吗，你写了一首可以环游世界的曲子。"

回到家，我对妻子说："好了，皮亚芙刚刚接受了一首我的曲子。"晚上十一点钟，电话铃响了。是克洛德·菲居斯打来的："到艾迪特家来，这里有一些朋友，艾迪特想让他们听听你的曲子。"我开着旧戴恩车，再次横穿巴黎。艾迪特召集了她周围的朋友，他们陆续赶来。每来一个新客人，我就要把曲子重新演奏一遍。每次我都暗地里嘀咕："只要有一个人说不喜欢，我就完蛋了……"每次我重新坐回钢琴前时，我的头上就会顶着一柄达摩克利斯之剑。最后来的是克洛德·贝里，艾迪特很喜欢克洛德，她喜欢有才华的人。我又从副歌开始弹起，贝里说："我，我不喜欢这支曲子……"她把他当做蠢货，说他一点也不懂这首歌。在贝里最近写的一本回忆录中，他谈到了这件小事，很坦率地说："那时我真是糊涂，她是对的……"

她像试手套一样，三分钟内就能辨认出一首曲子是否适合自己，这也是她的本事。每天她都会接到许多报酬丰厚的邀请。一部大型电影（我不说它的名字）的制作商曾邀她为电影背景音乐录音，答应用美元付薪酬。她拒绝了。

我当时还很幼稚：

"艾迪特，你为什么不答应呢？"

"因为它不好。"

最后，出于经济上的考虑，再加上路路和我的一再鼓动，她答应了。电影取得了巨大的成功，可那首曲子从未红过。

其天才的另一面还表现在她创作歌词和音乐的能力上。别忘了，她为《爱的颂歌》和《玫瑰人生》撰写的歌词流芳百世，后者的音乐也有部分出自她之手。

还有作为女人的特质。她从未听别人说过"你真美",当然这只是我的猜测。事实上,她的确很美,她有着与众不同的眼神。她不知道她很美,她从未被男人抛弃过,她总是抢先抛弃男人。后来,她生病,接受治疗,遇到车祸,不过那时的她是一颗明星,依然闪耀着光芒。在她家里举办的晚宴上,很少有女性出现,更确切地说,她厌恶女性,和她们在一起,她没有亲近感,玛琳除外。在有她出席的招待会上,常常会有美貌惊人和身份高贵的女人,比如苏珊娜·弗隆。但人们只会注目艾迪特。皮亚芙就是皮亚芙。她行走在边界之上,唯一的、可贵的边界,天才的边界。

直到另一个人出现时,我才再次感受到这种天才的魅力,他就是雅克·塔蒂,我曾为他写过两首电影音乐。他和艾迪特一样,都是容易受伤的人,一旦他们走出本行,这种特性便会显现出来。他们这类人很容易成为周围人的牺牲品,在工作中,他们砌起了一道不可逾越的墙。一旦离开了盔甲的保护,他们就会变得很脆弱。这时,那些好使伎俩、爱耍流氓和妓院老鸨式的人物就会给他们带来很大的伤害。她并不笨,只是孤独。她把自己的心、爱和房间向大家开放,一旦发现人们在嘲笑她,她就会送他们上断头台。

这时的她可以是毫不妥协的。她并不坏,从来不会无缘无故地攻击某人,但她的反击却猛烈有力。她得知我没有做任何对不起诺贝尔·葛朗兹贝尔的事,而他却在全巴黎散布中伤我的谣言,他还对玛格丽特·莫诺做了同样的事。这让她深感愤怒。

一天晚上,我在她家。她对我说:"嗨,我打个电话给诺贝尔。"我有些吃惊,跟着她来到电话旁。她拨了号码，他接了电话，她把电话接上喇叭。一阵寒暄之后，她问他："你觉得夏尔·迪蒙这个人怎么样？"

"不要理他，你和他在一起是浪费时间。"还有一些诸如此类的话，这就是葛朗兹贝尔的回答。他的话中带着嘲讽，我明白，这是因为下一场奥林匹亚演出，艾迪特在一组十五首歌的连唱中用了我的十三首歌……她让他倒空话匣子，然后突然大笑起来。"迪蒙就在我旁边，我的电话装了喇叭，他全听到了！"说着，她挂断了电话。

当时我很生她的气，后来我明白了，她无法忍受别人诽谤她喜欢的人。她甚至不想报复，她只想重新给一个人定位，人们应该成为她想象的那样。另外一个例子：她和泰奥结婚时，列了一张礼物清单，把单子放在了天堂街一家非常漂亮的商店里。我去了，也许太过大意，我对售货员说："您选吧，要你们这里最好的水晶杯。"我付完钱就走了，后来也没有再听到说起过什么。艾迪特没有谢我，她应该是忘记了……几个月后，她请我吃晚饭。"九点钟来。"我到的时候，所有宾客们都已经到了，有二十到二十五副餐具。我本应该注意到他们脸上都有些尴尬的神情。她让我坐上席，她坐在泰奥旁边。先上肉食。艾迪特对负责服务的人说："达妮埃勒，桌上还缺芥末，去厨房里拿些来。"达妮埃勒回来时，手里端着一个托盘，盘里放着我买的十二只酒杯，杯里盛满了芥末。她特意强调说："多么漂亮的芥末杯啊！"

我被惹恼了，怒气冲冲地扔下餐巾，离席而去。在一段时间内，我们彼此在生气。我反思了很多，最后终于明白了。她想让我带着一份商品目录去见她，然后我们一起选，她想让我更多地参与到这份礼物的选择中来。

我欠她很多，却对她敷衍了事。这一点令她无法忍受，她要让我付出代价，想给我一个教训，就像她对待玫瑰花束一样。我好几次见她把人们送给她的一打玫瑰直接扔进垃圾桶。还有比一打玫瑰更老套的礼物吗？她宁愿别人送她一小束花，但要让她知道这花是由送来的人精心搭配而成的。

她这样一个没有得到生活特别垂青的人是不能容忍别人无端使坏的，更别说有意挑衅了。一天晚上，费利克斯·马滕在她家，他知道艾迪特不喜欢黄色故事，但有意讲起一个关于保镖的故事，而且是个可能喝醉酒的保镖。她面色发白，当着众人的面呵斥他，用各种难听的字眼羞辱他，令他无地自容。这是他自找的，结果他找到了。

艾迪特不是圣人，她有着血肉之躯，有笑，有怒，有成功的喜悦，也有爱情的挫败，她不是一座圣像。感谢上天让我遇见了她。人们说她不好，是因为不了解她。对于一个为了自己的职业、事业和公众付出了那么多心血的人，我们不能说她什么。她的付出非常人能及。还有人说她死的时候贫困潦倒，这也不是真的。她可以领取丰厚的版税，还有巨额的唱片销售分红。的确，为了和泰奥结婚，她挥霍了一些钱，不过这也情有可原。像她这样的人如果没有疯狂的举动，那也没有必要做皮亚芙了！

她是个悲怆的生命体。天才是一种诅咒，它的代价是沉重的，它太昂贵了。我这么说，当然是为了自我安慰，或者说为了安慰那些没有天才的人！遇见天才，就像是遇见了圣人，我从未遇见过圣人，那些人应该有更多的东西，那是一种气质……在她身上，才华的显露是恒久的，不是所谓天才的闪光，不是的，这是一种被恩泽持久沐浴的状态。有些伟大的思想者在与她对话之后，颇感惊奇："不可能，这是个非同寻常的女人！她知识不多，却……"

令人惊讶的是，像让·科克多这样思维缜密、知识渊博、跟得上潮流而又富有教养的人，在和她交谈了好几个晚上之后说："出来时，我已经被丰富了！"

人们常问我，在我的音乐会上演唱艾迪特的曲子，是否让我感到厌烦，是否会引起我的反感。事实上，我只是在音乐会结尾时唱两三首她的歌，以资纪念。我回答道："如果我是音乐会的演奏者，我会不厌其烦地弹肖邦的曲子。如果我毕业于综合理工学院，我这一生都会是'综合理工毕业生'。至于皮亚芙，她就是我的综合理工！"

她是我一生中遇到的最令人惊讶的人。我先后遇见过一些歌手，有好的，有坏的，有漂亮的，有丑的。有些人待人和蔼，有些人头脑聪明，有些人大获成功，有些人稍显逊色。而皮亚芙是一座巅峰。在一系列山脉中，她是最高峰，勃朗峰。

在她身上一切都很和谐。我从未发现任何明显的不和谐之处。她把最好的东西贡献出来，人们也应该给她最好的东西。我曾经见她把美好的事物给予不值得她给予的人，我也曾见她以极其宽容的心态对待那些不值得她宽容的人……

　　总之，我毫不后悔……

　　许多作曲家向皮亚芙推荐自己的歌曲，她裹着沾了斑点污渍的旧睡袍，倚在钢琴边听了许多歌。如果她突然要茶和糕点，如果她躺在长沙发上缩成一团，那就没指望了！沙漏进了沙壶……

　　如果她说"把曲子加工一下再来见我"，这意味着她没有嗅到暗藏的才气。有时未来艺术家的体格会搅乱她的理智，她会建议再次约会，这次是一顿中饭！被皮亚芙选中可不是件小事。通常情况下，她要是对谁表现出有兴趣，十有八九，那人会被引进她的后宫。

　　许多人只会给她带来更多的烦恼，有些人则是必不可少的。迪蒙就是他们中的一员。他在经历了长久的等待之后，突然变得独一无二，甚至取代了玛格丽特·莫诺的位置，莫诺后来死于腹膜炎。

　　如果说已是有妇之夫的夏尔在他与女歌手的私密关系上总是百般遮掩，我们有理由相信，他们之间确实有着脉脉温情。记者们为了煽情，在征得艾迪特同意后，杜撰了许多能够打动家庭主妇的故事，这些故事从未被证实过。一九六一年一月二十一日，记者在《巴黎通讯》上写道："这不是个秘密，一个新男人出现在艾迪特·皮亚芙的生活中，他就是作曲家夏尔·迪蒙。如果说她再次在奥林匹亚登台，表演如此出色，那正是因为她有了爱情。"

　　"我只有在爱的时候才会歌唱，现在我恋爱了。"一天晚上，在"歌坛全景"节目中，她面对着数百万电视观众直言不讳地承认道。

我们有理由怀疑向公众作出的这一表白。一九六一年，艾迪特关心的更多的是她的重生而非她的情感生活。她是否还有力气为了一个并不真正合乎她口味的男人而心跳？

夏尔的妻子让尼娜不仅从未嘀咕过什么，甚至还一场不落地参加每次首演和香槟酒庆功会。如果说夏尔并不是让艾迪特产生幻想的男人，他却是能将他人排除在外的作曲家，甚至后来与艾迪特不和的莫诺也不再被聆听。在奥林匹亚歌厅，皮亚芙演唱了《我的老兄吕西安》《我的上帝》《爱之语》，当然还有《不，我毫不后悔》……

第一次演出于一九六一年一月二日举行。九点钟，她关上化妆间的门。只有巴里耶、迪蒙和达妮埃勒·博内尔能够待在里面，她只在敲门时才把门打开，让科卡特里把脑袋探进来，说：

"还有五分钟，艾迪特！"

乐队奏响了《爱的颂歌》的序曲，这是她绕不过去的标志，她穿着旧演出服和轻便女鞋在幕后等待，为了把那双鞋撑大，达妮埃勒穿了它们一星期。"就这双，要不就穿我的软底拖鞋！"她说。就这样。

她像一只黑色的小老鼠，轻轻地朝麦克风走去。全场起立，人们吼叫着她的名字。

她返场二十二次。观众们向她扔鲜花。当帷幕最终落定时，科卡特里冲向她，把她紧紧搂在怀中，人们从未见过这般场面。
"艾迪特，"他说，接着又像自动木偶似的重复说道，"人们从未
见过这般场面，从来没有……"路路擦拭着额头和眼睛。他对
艺术家的信任得到了回报，他一刻也未曾想过要放弃她。当钱
柜里分文不剩，无忧无虑的艾迪特依然挥霍一张又一张五百法
郎钱币时，他转过头，不愿看到他辛辛苦苦节省下来的钱落入
陌生人的口袋。一九五八年，当她在斯德哥尔摩身患肠梗阻时，
他毫不犹豫地为她一个人租了一架飞机，让她回法国住院治疗。

　　路路是艾迪特的锁子甲，她的问题接踵而至，他则像魔术
师一样飞快地截住它们，把它们消灭。此次奥林匹亚演出是他
的世界杯。备受欢迎的艺术家是属于他的。在艾迪特的公寓里，
一场冷餐会正等待着名流们的到来，她的家成了露天赈济游艺
会会场。庆祝活动在喜悦、热情和高雅的氛围中开始，但很快
就变成了一场壕堑战。冷餐会场被用胳膊肘用力撞人的小个子
男人们和穿着高跟鞋的阴险妇人们包围着。艾迪特依旧穿着黑
色连衣裙和变了形的鞋子，微笑着静观这一场面，迪蒙和巴里
耶簇拥在她身旁，为她砌起一堵保护墙。
　　平时体面光鲜的人此时成了在鸡尾酒会上偷红肠的窃贼，
这样的场面路路早已司空见惯，他不时朝艾迪特欠过身子，暗
笑他们的行径。夏尔发现了这一点，但他犹豫要不要流露出自
己的不满。最后，他终于作出决定，在皮亚芙耳边一阵窃窃私
语，引得她放声大笑。"啊，夏尔，"她又严肃起来，"我怎么能
那么长时间没有您呢？"
　　迪蒙于是明白，对于艾迪特来说，这些贪婪的小兽们自有
其可用之处。事实上，他们只不过是一种背景声音。他还知道，
从那时起，他在她身旁占有一席之地，他无需再去争取自己的

位置，至少暂时是这样的。

接着，他的重要性再度升级，上升到必不可缺的地位。他不在场，她就无法唱歌，不征求他的意见，她就听不进任何建议，甚至如果不和他一起笑，她就笑不出来。从那时起，除健康问题外，她把一切都和夏尔分享。当她决定跟奥林匹亚续约时，迪蒙却准备让她住院治疗。她说："太多的人依赖于我，夏尔，事情已经定下来了，再续一个月，科卡特里已经把合同准备好了。"

那一刻他感觉到，他已经成为皮雅芙生命中至关重要的人。

皮亚芙依然睡得很少，因为睡觉是浪费时间，闭上眼睛就让她想到死亡。她继续狂饮不止，把手边能够摸到的神奇的药丸全部吞下去。在她生命的最后三十个月里，有八个月是在各式各样的诊所和医院里度过的，她接受了五次手术。不过她再次产生了做皮格马利翁的愿望，这是新生的标志。夏尔为她哼歌，听得多了，她觉得他的音色很美。

"你绝对是个可造之才。"她对他说出了自己的想法。

夏尔本想说，她在里昂体育馆舞台上频频露面，那舞台让他感受到一种推动力，可话还未来得及出口，几天后，艾迪特便和他在布鲁塞尔的老比利时剧院同台献唱。艾迪特助夏尔一臂之力，帮他登上了舞台。

她重新教他唱歌，向他打开了一方也许他未曾想到过的抽屉。对于这个创作者，皮亚芙付出了很多。她的要求也很多。从那时起，他得随时听候她的差遣。

"这样的时刻不计其数，"迪蒙说，"我被弄得筋疲力尽。"

他也是固执的，想看她接受戒毒治疗的念头再次浮现出来。他迫使她立即作出抉择：

"要么你接受治疗，要么我走人。"

她终于同意了。

"你要来看我。"治疗结束后，她走出维勒达弗莱疗养院，眼泪汪汪地对他说。她浑身乏力，近乎消沉。路路乡间的房子再次成为她的避难所。夏尔每天都去看她，他觉得应该在他们的棋盘上放一个新子儿，于是建议带她去山里。

"为什么要去？"

"为了你的健康，你看……"

"夏尔，我讨厌雪。我宁愿在糟糕的健康状况中死去，也不愿在寒冷中生活。"

迪蒙继续做着自己的梦，他咨询当地的旅游服务处，拿让人神清气爽的山峰来缠她。他一度认为自己赢了，因为她曾问他，自己是否应该逐步做好呼吸纯净空气的准备！

夏尔租了一间山间小屋，买好器械。就在出发前一天晚上，她改变了主意。

"我太忙了，没时间去滑雪。"她对他说。

他丢下她走了。她恨他。

两星期后他回来时，弗朗西斯·莱已经带着他的手风琴，进驻拉纳大街了。

弗朗西斯·莱曾回忆起他与艾迪特的相遇以及和她一起度过的两年时光：

我来巴黎是为了给女歌手克洛德·戈阿蒂做伴奏。我住在蒙马尔特高地，在那里我遇见了贝尔纳·迪梅。我们开始合作写一些歌。一天晚上，皮亚芙去高地一家名为"在我姨妈家"的小酒馆听穆卢吉唱歌,她正考虑把他安排在下一场奥林匹亚演出的前半场。因为穆卢吉唱的歌是贝尔纳和我合写的,所以我们也去了。演出结束后,她邀请一小伙人去她家里喝一杯。受邀去拉纳大街的当然有穆卢吉和泰奥,还有克洛德·菲居斯和其他人。应邀去她家,这已经是一个梦想了。

她是个大人物,是法国最伟大的现实主义歌手,她给我留下了很深的印象。我带着手风琴去她家,和她一起做音乐。我们演唱了贝尔纳·迪梅的四行诗,这首歌与首都有关,名叫《巴黎的动物寓言集》。

有一天她对我说:"我很喜欢你拉手风琴的方式。你愿意做我的第二手风琴手吗?"她已经有马克·博内尔了,他为人很好,又是杰出的音乐家,但她希望能有第二个乐器手。她觉得这样会带来一些新的东西,一些不同的东西。

我当然同意了。稍后我们又为她演奏了贝尔纳和我合作的其他曲子。她对一首歌着了迷,说道:"我很喜欢它的旋律,歌词稍微差点。贝尔纳,你能否把弗朗西斯的这首曲子让给我,他再给你写别的。"

迪梅万分激动地说道:"好的。"同一天晚上,我既成了她的第二手风琴手,又有一首曲子为她所用!她把旋律给了雅克·普朗特作词。这就是后来的《轻雾》,这是我们的首次合作。

我成了她的伴奏,也为她或和她一起作曲,同时也给泰奥和克洛德·菲居斯写歌。

和艾迪特共事是令人向往的。她以厚礼相赠,给了我许多绝好的歌词用于配乐。

这里有一段小插曲。一天，她对我说："弗朗西斯，我有一篇非常好的歌词，不知道要不要给你，如果我给了你，你要立刻写出旋律来……你到隔壁去，写好了喊我。"您这是要挑战我呢！我像是吃了一颗大力丸，找到一段绝妙的旋律，与登峰造极的词作者勒内·鲁佐创作的歌词相匹配，他曾为她写过《可怜的让之歌》和其他一些歌曲的歌词。

大约一小时后，我写好了，为她演奏了曲子，后来又弹了一遍。她对我说："很好，我们去录音。"这就是后来的《无尽的音乐》。

在她最后几场巡回演出时，在她最后在奥林匹亚和博比诺登台时，我都陪在她身边。

她是个令人难以置信的人，人们通常只认得她在舞台上表现出的悲剧一面。舞台之外，她只想着开玩笑，搞恶作剧，这些通常是在电话里进行的。她应该是第一个以这样的方式开玩笑的人。和她在一起，人们笑声不断。

不过一旦涉及到唱歌时，一切都变得严肃起来，很严肃。她不会随意放过任何一个细节，反复揣摩最适合每一首歌的姿势，这样的姿势只有一种，就是观众会铭记于心的那一种。

我为她写的最后一首歌是由米谢勒·旺多姆作词的《柏林人》。这首歌是在她位于拉纳大街的家中录制的，只有初稿。很可惜，她没来得及完成最终的版本……

迪蒙会成为皮亚芙的圣伯纳犬。这是一只忠实的大狗，随时准备围着她脚边转，逗她开心。尽管他有自己的家庭生活，却总能腾出时间牵住她的手，让她那颗焦虑的心获得平静。在一段时间内，他那镇静的力量让艾迪特似乎重新找回了平衡。他懂得如何疏远唯利是图者，无需提高嗓门便能给出好建议。

　　他确信生活在一个独一无二的人身旁，经历着非同寻常的事件，这种信念让他坚信自己肩负着一个近乎神圣的使命，然而实际上这只是一场有去无回的十字军东征。当他来到艾迪特钢琴旁边时，一切都太晚。她已是一个既年轻又衰老的女人，生活、药物、空想和失眠将她拉扯得四分五裂。

20. 最后一缕阳光

艾迪特认为，帮助克洛德·菲居斯在歌坛上迈出第一步的时候到了。菲居斯是她的秘书，她叫他"半个老板"。正因为他，她才得以认识泰奥。

克洛德是皮亚芙的仰慕者，他同时仰慕所有在音乐厅里闪耀的明星，生活在巨人们的阴影中。这是只黏人的糨糊罐，虽然乐于助人，却有些低声下气。起初，他有点令人反感，后来派上了用场，甚至变得不可或缺。阿兹纳伍尔接受了他，难以忍受孤独的皮亚芙则把他当成了闺密。他们俩通常你一句我一句，一直斗嘴到天亮，一边说话一边织东西，织完了就扔出窗外。

他玲珑而滑稽，卷曲的头发呈现出精心打理过的无序。他还是个流言蜚语的消费大户，并在将它们变形之后转手出售，他狡诈、阴险、古怪。有一次，他竟然用凯旋门下为纪念无名烈士点燃的圣火煮鸡蛋！

"我把他从警察局保释出来时，他两眼泪汪汪的。"皮亚芙说。

总之，他是个讨老板喜欢又喜欢老板的人。

当夏尔·迪蒙登上皮亚芙家的王位时，菲居斯备感沮丧，他打点好行李出门流浪。宣告皮亚芙和夏尔关系终结的冬季运动让菲居斯又回到了拉纳大街。他垂着眼睛对皮亚芙说："我们会想念夏尔的。"

"没人逼他套滑雪板！"艾迪特怒不可遏地说。

不久，菲居斯在圣日耳曼的一家夜总会认识了一个穿着一袭黑衣的希腊人，他叫泰奥法尼斯·朗布卡，是巴黎市郊小城塞纳河畔拉福雷特的一个理发师。一天晚上，泰奥错过了最后一班火车。菲居斯请求让他借宿一宿。一整晚，朗布卡都沉着脸，一言不发地看着艾迪特走来走去。

她为菲居斯准备了一首贝尔纳·迪梅的歌：《像我那样爱你》。菲居斯对记者们坦言，他"从十二岁起"就爱皮亚芙，这首歌的副歌"我爱你，就像小狗爱主人"直截了当地表达了他对爱人的敬意。后来他又在一张四十五转的唱片上录制了四首歌。一九六一年二月，他在蒙马尔特高地的帕塔舒夜总会演出，皮亚芙也知道如何感谢他。

一九六二年二月十七日，一个记者用他的闪光灯拍到了艾迪特和泰奥在帕塔舒夜总会里手拉手的镜头。就在那天晚上，她发现他皮肤细腻，嗓音优美。从那以后，科卡特里只有等待她的电话了。一天晚上，迪蒙实在忍不住，事先没有打招呼就按响了拉纳大街的门铃。没有人在等他，更别提克洛德·菲居斯了，他只要看到迪蒙出现在前厅，心就会吊起来。

"谁啊？"皮亚芙问。

他已经进入客厅。艾迪特躺在长沙发上，他站在沙发前不动，犹豫着是否要凑上前去或和她握手。

她替他解围："你不拥抱我了吗？"

当他重新直起身时，她满脸带笑地向他介绍泰奥。"一个伟大的歌手。"她补充道。

菲居斯惊讶得直咽口水，不过最吃惊的还要属萨拉波，他满脸通红，向迪蒙伸出一只湿漉漉的手。

他知道自己得了宠，这个从今往后要压枕头、围着床边转，把药片溶解在漱口杯里的年轻人，他会在她的生活中占有怎样的分量？

泰奥生性讨人喜欢，对于曾经创作了许多优美歌曲的作曲家的归来，他并没有感到不安。他生活在一个充满微笑的童话里，那里没有穷凶极恶的人。艾迪特借助这个年轻健康的小伙子，继续着自己的梦幻，她的最后一个梦。

不过，她从未相信过这场爱情会有未来。她已经历过许多次爱情，每次似乎都可能成为永恒，最终却都不知消失在何处。一个个生命体就是一场场梦幻，爱情也是，它们都无法解决心灵的问题！

泰奥法尼斯·朗布卡更名为萨拉波，这在荷马的语言里意味着"我爱你"。他不知道，与他将要承受的痛苦相比，牵着皮亚芙的手、在她睡着的数小时里静静地等待，这简直是甘甜如蜜的事。他最初的努力帮他跨出了迈向断头台的步伐，他的密友们可不会为他的艺术前途下任何赌注。

大家都是如此，皮亚芙除外，她有着坚毅的灵魂，总是拒绝让自己和自己爱的人失败。她决定两个月之后让泰奥登上巴黎的舞台，任何事或任何人都不能改变她的想法。然而她忘了，那些因为她的建议而变成艺术家的人都不是初学者。可对这个人来说，他要从零，甚至是更远处重新做起。而他，他可什么都没要求！

"如果你不带着信仰去唱歌，"皮亚芙说，"你就是从那些付了门票钱的可怜人身上偷钱！"

他不信仰唱歌，也没有任何信念，他不在乎公众，只想和她单独待在客厅里，帮她把头发卷成波浪形。可是他从未单独待在客厅里，帮艾迪特打理头发也没有什么意义，因为她的头发太少了。从那时起，她宁愿把它们藏在头巾下。

艾迪特心情不好。她比平时睡得更少，风湿病让她备受煎熬。她把手藏在毯子下面，让它们获得些许温暖。

"努力，"她对泰奥说，"努力就是一切，如果你不磨练你的才华，它就永远会被埋没在盒子里！你看阿兹纳伍尔，是努力成就了他今天的模样，工作，当然还有外科手术……"最后她笑了，她让泰奥坐在钢琴前。他就像 EMI 唱片公司"狗听喇叭"标志上的那只小狗尼普一样，乖乖地照吩咐执行。

"来，"艾迪特说，"我们再来一遍，用腹部和心灵去唱，身体不要左右晃动！"

泰奥答应着，眼睛里噙着泪水。

他心中充满了恐惧和焦虑，如果她把他扔进关着狮子的凹坑，他会变成什么样子？

路路·巴里耶显得冷漠无情；他看了看希腊人，又看了看艾迪特，寻思着如何说服音乐厅的老板们。

当皮亚芙决定亲自告诉科卡特里一个未来之星正在等他时，路路松了口气。没有别的办法，皮亚芙已在计划重返奥林匹亚舞台。按照艾迪特的想法，一切都很清楚。泰奥将和她一起出现在海报上。她不想像往常那样强迫别人同意她的选择，而是决定要个小花招。

让·米歇尔·鲍里斯给我们讲述了事情的经过："一天，艾迪特打电话给布鲁诺·科卡特里：'布鲁诺，中午来我家吃饭好吗？这会让我感到开心的。另外，我想让你听一个年轻人唱歌，我觉得他很有才华。'

"我们去了拉纳大街。很少有人知道艾迪特还是个精细的厨师。她喜欢烧家常菜，像白汁肉块或胡萝卜炖牛肉之类的贴心美食。艾迪特、泰奥、布鲁诺和我，我们几个都吃得非常好。

"在喝完小杯烧酒之后，她提议：'布鲁诺，我们听听泰奥唱歌如何？'布鲁诺说道：'好啊，当然可以。'只见他舒舒服服地躺在扶手椅中，点燃一支雪茄，戴上黑色眼镜。接着，我担心的事发生了。就在泰奥演唱他的曲目时，酒足饭饱的布鲁诺在茶色眼镜的遮掩下，慢慢地睡着了，烟灰散落在他西服上装的翻领上。艾迪特很是生气。不过他们的不和没有持续很长时间，因为她虽然会勃然大怒，心中却没有仇恨。"

接着，一切都进展得很快。人们不知道泰奥会被安排在海报的什么地方，不过他总会出现在海报上！

艾迪特的另一个忠实的拥护者米歇尔·埃梅尔只需从他的百宝箱中取出宝贝，把歌词和音乐交到拉纳大街即可。

《爱又有何用？》获得了巨大的成功，这是皮亚芙的最后一部作品，也是萨拉波的第一部作品。九月三日，这首歌被录制在唱片中。

一九六二年，艾迪特录制了许多首歌：与夏尔·迪蒙合唱的《被上帝排斥的陌生人》，以及《特鲁艾尔的情人》《七月十四日》《这真可笑》《我们要找一个小丑》《驼背丑角》《轻雾》《带我走》和《无尽的音乐》。

这一年的另一件大事是道格拉斯·戴维斯的逝世，他到巴黎来拜访她，在回美国途中因飞机失事去世。这更加让皮亚芙陷入痛苦和回忆中不能自拔。

"飞机是被诅咒的鸟。"她说。泰奥，千万别独自坐飞机！谁能料到，最终夺去他生命的竟是公路……

当朗布卡向皮亚芙求婚时，有些心术不正的人说，这是为了拖延在奥林匹亚歌厅演唱的时间！

然而泰奥法尼斯确实在进步，他登台演唱时，人们已经不再向他扔钱币了，蒙当在事业起步时也曾有过类似的遭遇。

后来由于决心不大，他无法在残酷的娱乐圈生活中崭露头角，然而他取得的进步却是惊人的。刽子手完成了她的作品。

"他必须对她有爱，才能忍受她的苛求。"路路坦白道。

其他人都是她的情人，她的男人，她的皮条客和她的捍卫者；而他，则是她的儿子。

根据他的表现，她对他或奖励，或惩罚，最终同意嫁给他……看来他表现得不错！

婚礼与皮亚芙重返奥林匹亚舞台是分不开的；演出定于九月二十七日举行，他们于十月九日完婚。泰奥在舞台上没有引起观众的骚动，人们有的只是好奇，就像以前观看受训练的小狗演出一样。评论界批评他光着上身演唱其中的一首歌，不过人们怎能责怪皮亚芙拥有一个长相帅气的情人呢？

有些人对他们的关系嫉恨得咬牙切齿，艾迪特的观众们却觉得这对恋人令人感动。尤其是当他们共同演唱《爱又有何用?》时，那场面格外触动人心，这首歌使得他们的私生活正式化了。

他是如此年富力强，她却是那么矮小而支离破碎，他们的组合本会令人发笑，然而恰恰相反，人们却为他们感动。从那时起，听众们所聆听的，更多的不是她唱了什么，而是她代表了什么。

十月七日，她在家举行了记者招待会，正式宣布了早已被传得沸沸扬扬的婚礼，招待会的另一个目的，主要是向人们展示她最后一场奥林匹亚演出的纪念专辑。

十月九日，他们在巴黎第十六区区政府登记结婚，并在达吕路上的东正教教堂举行婚礼。他们没有进行蜜月旅行。

"当我们日夜恩爱时，"她戏拟自己的最后一首歌的歌词说道，"蜜月旅行算得了什么？"

她本该好好休息一番，然而每当生命，这位正直的姑娘，偷偷地给她一笔馈赠时，她就会在人间天堂里将它们挥霍殆尽。休息能让她赚到什么？日复一日的生活吗？

对她来说，一直到生命的尽头，观众的喝彩始终是她唯一的愿望。如果生命空虚，再多又有什么用？人们无法积攒逝去的时间。当百叶窗合上时，太迟或太早都已不再重要。那一刻到来了。一个人百年之后有的是时间选择节制的生活。

艾迪特在拉纳大街的幸福时光和外省的演出中度过了年末。为了赋予他们的爱一个新的环境，泰奥让人重新装修了拉纳大街上的房子。皮亚芙在巴黎的旧城墙下里度过了童年，最终在同一座城市的富人区里功成身退。她一直是巴黎城的女儿，却从未忘记人们今天称之为法国腹地的地方。从北方乡村到地中海沿岸，从布列塔尼到东部边境，她马不停蹄地为那些不能参加首都祝圣仪式的人们带去爱情和绝望的颂歌。她本来可以满足于在巴黎发展，让媒体为她广播声名，坐等敦刻尔克或佩皮尼昂的人们购买她的唱片。不，她一定要亲自到那些观众面前去，他们爱她，他们也许会比光明之城的观众更加热情地欢迎她的到来。

奥林匹亚演出和外省巡回演出后不久，尚未从疲惫中恢复过来的朗布卡夫妇又收拾行囊，去低地国家进行为期一个月的演出。计划演出的城市有布鲁塞尔、安特卫普、夏勒罗瓦、列日、阿姆斯特丹和海牙。

十二月十六日，她在荷兰首都收到了一张金唱片，这是为纪念《不，我毫不后悔》的销售量突破二十万张而专门制作的。她很累。他们从宾馆到车上，再到舞台，又返回宾馆。

人们私下里议论说，她之所以不去新婚旅行，是因为她在婚宴后被送入急诊室抢救。检查结果表明，她的红血球数量再次急剧减少。

十二月，他们先是在里昂的则肋司定会修士剧院演唱，十二月三十一日又在尼斯的地中海宫演唱。

评论界对于泰奥总是横加诋毁，批评他的各个方面和各个方面的反面：他既缺乏幽默又口不择言，时而失声，时而吼叫，表演不是欠火候，就是有煽情之嫌。戛纳的一家报纸发表了一篇题为"这是嚎叫的泰奥"的文章，说他是一个冒牌歌手。

观众们对于媒体的文章视而不见，演出的门票被一抢而空。皮亚芙只要再多一丝力气，就会接受经纪人路路为她准备的所有演出计划。不过她至少同意和泰奥一起参加在博比诺举行的新一轮演出，一九三六年，她在那里举办了首场音乐会。

她在博比诺录制了最后一张面向公众的唱片，里面有若干首新曲，其中由勒内·鲁佐作曲的《我看见了许多》，大声说出了所有人都已知晓的事实："她的生活就是在走钢丝。"

此次演出计划由她丈夫的一个姐姐克里斯蒂·洛姆负责推广，艾迪特曾给她上过几堂声乐课。

皮亚芙演唱了十四首歌，其中《爱之歌》的歌词是由她在夏尔·迪蒙所作音乐的基础上填写的。返场时，这对夫妻再次演唱了《爱又有何用？》，这已成为一个惯例。

她宣称，如果明年人们希望她再来，她还会回到这个舞台，她欠这个舞台太多。"这只是暂别。"她开玩笑地说。谁知这竟是永别！

从那以后，她凡是演出，一名医生、一名护士和她的脊柱按摩医生吕西安·万博总要在后台陪同。有时一场普通的感冒就会像支气管炎一样迫使她取消演出，三月十五日在瓦朗斯就出现了这样的情况。泰奥独自一人唱了十首歌，人们为他鼓掌。后来，又有一长串演出计划被提前，不确定是否能够成行。艾迪特认为可以重续在影剧院上演余兴节目的传统："如果我缺席了，人们至少可以用动画片来代替！"

21. 一九六三

　　四月五日，泰奥独自一人在星形剧场演唱。艾迪特身体欠佳，泰奥害怕独自面对观众。

　　"我们取消这场演出吧？"他说。

　　"你真不道德！"她答道。

　　他满心恐惧地登上舞台。台下观众一片喧哗，他们觉得即使她病了，至少也应该出现在音乐厅或后台上。他们是密不可分的一对，不是吗？他们俩哪怕只合唱一首歌，观众们也会感到满足。人们呼唤着"艾迪特！艾迪特！"然而，帷幕像断头台上的铡刀一样垂落下来，观众们嘀咕着离开了剧场。

　　泰奥待在化妆间里，感到无比孤独。这只是他受难历程的开始。

　　四月七日，在一个小型乐队伴奏下，艾迪特在家中录制了由米谢勒·旺多姆和弗朗西斯·莱创作的《柏林人》，这首歌本来应该叫做《毕尔巴鄂①人》，后来因为皮亚芙说毕尔巴鄂是个死气沉沉的城市，而柏林则总是有戏上演，因而改了歌名。这是她录制的最后一首歌。

　　四月十日，她因患肝炎被送往昂布鲁瓦兹-巴莱诊所抢救。五月二十八日出院时，她只剩下三十多公斤。不是身体抛弃了

---

① 毕尔巴鄂为西班牙城市，位于西班牙东北部，靠近法国边境。——译注

她，而是她太久地忽略了自己的身体。

五月三十一日，她前往圣让-费拉角，在那儿租了一幢名叫
拉塞雷纳的海边别墅，离科克多的别墅不远。她和泰奥租了一
架飞机去那里，另有一批人走公路先他们一步到达，他们是厨
娘苏珊和她的女儿，即艾迪特的贴身女仆，女管家达妮埃勒和
她的丈夫、手风琴家马克·博内尔、护士西蒙娜·马尔冈坦和
弗朗西斯·莱。别墅很大，有二十几间正房，两个厨房，一
个平台，一座游泳池，一片私人沙滩，一座大花园和两个冰
箱。真正的朋友们尚未安顿稳妥，寄生虫们就已经蜂拥上门
了。

"我要把他们赶出去。"西蒙娜愤愤不平地说道。她像外籍
军团的哨兵一样严密注视着艾迪特的健康状况。

艾迪特坚决反对："我的假期刚开始，我需要欢乐。"

确实，比起一听到艾迪特喊西蒙娜就脸色发白的密友们，
那些为香槟而来的人更会插科打诨。总而言之，对于艾迪特这
样只有在人生走弯路时才懂得休息的人，这是一个正常的病后
假期。

十几天后，奇迹再次发生。两个月以来，她既无唱歌的需
要，也无唱歌的欲望，这时，她却突然想唱歌。弗朗西斯·莱
拿出手风琴。她的声音再次变得有力而纯净。

那天晚上她很开心；数月以来，她只吃水煮鱼和既无形状
也无味道的小贝壳面，这时，她突然要厨娘给她做一只鸡蛋饼，
并特别强调要溏心蛋，她三两口吞下蛋饼，接着又要了一只，
这次是带奶酪的。路路和泰奥的脸上开始紧张地抽搐起来，"慢

点吃，艾迪特。"弗朗西斯·莱说道，"不急，冰箱里有的是鸡蛋。"后来，大家都朝客厅走去，泰奥想让她扶着他的手臂，被她轻轻推开了："我太年轻了，不能扶你的手臂。"她"扑哧"一声笑着说。

达妮埃勒为她倒上咖啡，她要求在余热尚存的杯底倒一滴威士忌。隔壁房间里一些没人知道姓谁名谁的人正在碰杯，他们中不时有人探出头来问道："艾迪特，你还好吧?"

"我好极了。"她回答道。

随着晨雾渐渐散去，奇迹似乎也化为泡影。她把西蒙娜·马尔冈坦叫到身边，那是唯一一个从不合眼的人。艾迪特只是做了一个噩梦，每当晨光姗姗来迟时，她就会做噩梦。

护士为她擦拭额头，给她服了一颗镇静剂。

她接着睡下，一直睡到十一点，在花园里喝一杯咖啡，吃一只苹果做早点。她对巴里耶说："路路，你知道吗，除了舍瓦利耶，美国人只认得我。我还会重返凡尔赛俱乐部的。"

"嗯，"路路点头答道，"多好的主意……"

"瞧，有了意志，我们就能走出一切阴影，甚至能从昏迷中苏醒。"

菲居斯曾经亲手把泰奥送给艾迪特，现在却又觉得泰奥令他无法忍受。当他得知皮亚芙强行要求别人让泰奥四处演唱时，他沮丧至极，因为自从上次在帕塔舒夜总会演唱之后，再也没有人请他去唱歌了。一天，他拖着行李箱，顶着烈日，孤身一人离开了拉塞雷纳。他身无分文，情绪低落，后来被圣特罗佩的一些小酒馆雇去唱歌。与他对成功的渴求相比，这简直是九牛一毛。再后来他自杀了，那时皮亚芙正处于病危时期，对此一无所知。

八月底，皮亚芙和她的密友们搬去穆然附近的拉加图涅别墅①。这套房子比较小，寄生虫们打消了跟去吃白食的念头。遵照医生的建议，她远离海边，因为医生们认为地中海的湿润气候对艾迪特的风湿病不利。

八月十五日，艾迪特再次因肝炎昏迷住进南方诊所。二十二日，她苏醒过来，继续待在同一家诊所接受治疗，直到九月底才出院。

接下来是一些好消息，比如迪蒙在雅克·布雷尔歌词的基础上为她写了一首歌：《我听你的》；再比如她的元气有所恢复，她请求在昂布鲁瓦兹-巴莱为她治疗的卡拉教授让她在夏约宫举办一场演唱会，演出收入将用于支付医院检查费用。

当她和马尔冈坦看到将要演唱的二十二首歌曲目录时，幻想让她的脸上露出了久违的微笑。

还有弗朗居的电影《审判者》，一向和善的泰奥要在里面扮演一个坏角色。

"从今以后要靠我丈夫赚钱养家了。"她说。另一个好消息是科克多打电话来，说他要来南方。

"医学总是为我们的健康担忧，"他说，"可是我们好得很……我发现威士忌对动脉有好处，我很会照顾自己！"

"我真羡慕你喝的药。"她回答道。

当然，在其他日子里，因为受病痛折磨，笼罩她的只有焦虑。

---

① 比利时著名侦探小说家乔治·西默农于 1955 年曾在这幢别墅里居住过，并在此写出了著名的"梅格雷"探长系列。——译注

她尤其担心的是泰奥的前途："他怎么样了？"

他想唱歌，这是肯定的，但他缺乏成为明星所必需的攻击性。

"他应该像我一样，拥有战胜的意志，应该更多地学会先去倾轧别人，再把他们紧紧地搂入怀中。干我们这一行，关系都是虚假的，其他行业也许也一样！只是干我们这一行的，胜者是谁都看得清的，他占据了海报的统治地位。人们边恶心边向他喝彩，刚把吻印在他嘴唇上，随即就心生悔意。"

"这一切，泰奥一窍不通，他甚至相信血缘关系！也许他和他妈妈在一起比和我在一起更有成功的机会，然而他不知道，父母只有本身是神圣的时候，才能被神圣化！否则家庭就像友谊一样，要么成为典范，要么就是背叛！"

"后面的路他要一个人走，"她补充道，"希望他变得像我曾经一样坚强……我将继续留在海滨生活，而他要回拉纳大街居住，这是毫无疑问的。总有一天，孩子们会离你而去……"

"可你是他的妻子。"人们说。

"我不再是任何人的妻子。"她总结道。

然而，她从未告诉过泰奥什么是她所认为的最佳前途。他们无需讨论，就心照不宣地分居两地了。

他和她共度周末，平时则住在巴黎。苏珊和新司机克里斯蒂昂负责照顾他的起居。他每天晚上给她打电话，其他人也会带来关于他的消息，"我们看见泰奥了"等等。

对于这一临时协定，她显得比较满意。

西蒙娜·马尔冈坦一直陪艾迪特走到最后。蓝色海岸边的十月依然是夏天，皮亚芙为了避开好事者，在离戛纳二十公里远的地方找到一个隐居处，那里植被繁盛，浓荫匝地。

夜来天气转寒，风猛烈地吹着。这处海滨居所竟然呈现出几分山区的风貌。皮亚芙偶尔走下床，倚着窗边看树叶"簌簌"地落进游泳池。

希望已经成了不可能。多次失语症的危机让她的话变成一连串让人无法理解的音节。在戛纳诊所里植入身体的物件也被废弃了。夜里，肝区的疼痛经常让她直到清晨都难以入睡，接着就是身体的极度虚弱。

当她问西蒙娜，她是否还能再唱歌时，西蒙娜开始对她说谎。人们试图让奇迹再次发生，可它却始终没有到来。马尔冈坦为她从瑞士找来一种芳香植物，每天晚上给她读蔷薇十字会的经文，这让她感到平静；后来有一段时间，一位动物磁气疗法医师对她产生了极大的裨益；人们又为她点大蜡烛，祈求专司绝望事件的女神丽塔保佑。十月七日，她见了西蒙娜·贝尔托，即"莫莫娜"。她们数年未曾谋面，可这时的皮亚芙已无叙旧的兴致。贝尔托还带着她的女儿，她也叫艾迪特。皮亚芙没有留她俩吃晚饭。

十月九日，天气稍显温和，风不再在树枝间沙沙作响。皮亚芙拒绝护士的帮助，自己在园子里稍微活动片刻，然后回楼上房间，按照雷打不动的习惯，在床脚边跪地祈祷，祈祷完毕后上床睡觉。当马尔冈坦来到她床边时，她已经睡着了。夜里，马尔冈坦又来看她一次，发现她面色苍白，于是给她打了一剂强心针。没过多久，医生来了，诊断她因为内出血，即将不久于人世。这次出血对她来说是致命的打击。

人们通知泰奥，他只能订到第二天下午三点钟的飞机。按照艾迪特的愿望，他会租一辆救护车送她回巴黎。她希望被葬在拉雪兹神甫公墓，紧挨着她父亲和她女儿玛塞勒。

记者们看见救护车时，知道艾迪特又发生新的病情，于是远远地跟在救护车后面，可是当他们发现车驶上了开往弗雷瑞斯的路时，他们明白自己丢失了追踪的方向，也失去了最后一次报道的机会。汽车连夜行驶，泰奥坐在司机身旁，西蒙娜·马尔冈坦在车后打盹。

在巴黎，贝尔奈医生同意于十月十一日早晨七点正式宣布她逝世。迟到的死亡终于被确认。她的逝世和出生一样，带来的都是一片混乱！让·科克多也在同一天逝世。这真是令人不安的巧合。拉纳大街上的房子被布置成烛光闪闪的小教堂。星期五，她的至交、朋友、亲属和认识她的人前来吊唁，后来，泰奥不忍心拒绝所有聚集在人行道上的人们。惊闻一个无可替代的人离他们而去，他们深感悲痛。除了她，还有谁会歌唱他们的日常生活，谁会把他们的悲剧和忧愁视为己有？他是否应该为他们打开公寓的大门？

人很多，没有人建议他打开大门。人们紧挨着排成行，安静地在过世的偶像遗体前画十字，接着，他们意识到还有许多活生生的艺术家也在场，于是场面一片混乱。不论是死是生，皮亚芙都是一场景观。

吊唁仪式持续了近两天。十月十四日，葬礼在拉雪兹神甫公墓举行，其场面当然可以想见。一开始，人群被挡在葬礼行列两旁竖起的层层栅栏外。据相关资料统计，全巴黎来了近十万人。卖报者一面在人群中穿行，一面叫嚷着报纸上的黑体标题："关于皮亚芙逝世的全报道！"除此之外，还有卖三明治和各色饮料的人。葬礼现场变成了御座庙会[1]！

有四万人拥堵在拉雪兹神甫公墓门前，他们因为没有看见黑色的灵柩，或是因为离得太远看不清楚而闷闷不乐，终于拥挤到人行道上来。人群放慢了脚步，不是因为虔敬，而是因为他们看到墓地周围还站着一些艺术家。他们中有些人已经逃之夭夭了。

人们就像平时看见明星一样向他们打招呼。

阿兹纳伍尔、贝科、布里亚利、苏珊·弗隆、保尔·墨里斯、蒙当，她的第一任丈夫雅克·皮尔斯和玛琳·黛德丽受到人们的热烈欢迎。这不再是葬礼的最后一幕，而是一场首演！

在场的艺术家们不知所措，最终选择逃离，他们拒绝了摄影师们的要求。该逃离现场了：人们已经冲破了最后一道障碍，无法控制局面的保安们只能听之任之。人们翻越墓碑，践踏鲜花，花环也被毁坏殆尽。

艾迪特生前曾说："会有很多人送我入土的。"只是她没有想到人竟然多成这样。皮亚芙永远不会谢幕。她的灵柩被四个穿蓝色制服的男子托住，比起第一铲土，灵柩似乎离蓝天更近。十月十九日，《巴黎竞赛报》刊登了一篇长文："永别了皮亚芙"。上面有一张照片，照片中的皮亚芙像孩子似的拉着泰奥的手。"我们再也找不出一个更加脆弱的生命体，被这么多的不幸所折磨。如果说她的一生是一个传奇，这是个黑色的

---

① 指巴黎的一个集市，每年复活节间举行，又称巴黎点心集市，1963 年停办。——译注

传奇。"

对于这个不受宠爱的女人来说，一切都事与愿违。赫赫声名并不总是能够补偿生活的凄凉和童年的不幸。

她为歌唱而生，她生而为了歌唱。

艾迪特·皮亚芙广场靠近巴约雷门，别有一番景致。周围是一些不起眼的狭长小路，每条路都有着美丽而古老的名字：叹息道、拉碧河街、牛山街……有一座专门纪念艾迪特·皮亚芙的老友咖啡馆。咖啡馆墙上贴着许多她和她周围世界的照片……感人而温暖！

然而，人们希望为皮亚芙建一座更宏大、更受欢迎、更能代表他们对她回忆的广场。

人们尤其希望那座象征着她的雕塑①消失。那只不过是一只丑陋的乌鸦，更接近于卡西莫多而非她的丽影。

人们几乎不敢看她的塑像，就连素不怕生的鸽子都不愿意接近它。

戴高乐拥有自己的大道、马路、广场和飞机场。密特朗也差不多什么都有，只是没有飞机场，不过他却多了一座码头！然而他们从未让人们流过一滴美丽的泪水，他们的演出从未取得过成功！

对艾迪特来说，这多么不公平！

时间愈是让我们离她渐远，愈是把我们拉得和她更近。

总有一天，我们会在音乐厅里再次发现她的身影。启幕时，人们会看到一些受过训练的小狗，她的情人和作为客串演员的

---

① 该青铜雕塑树立于 2003 年，是为了纪念艾迪特·皮亚芙逝世 40 周年，距离歌手出生的特农医院仅几步之遥。——译注

丈夫们，这已然是一幅美丽的图景了！幕间休息后，她上来拥抱我们，抱歉说因为有点不适，让我们等了一会，接着她就放声为我们歌唱爱情，我们需要爱情。没有了它，我们什么也不是。

译后记

　　二十世纪的法国，给了世界很多馈赠，铸就了许多传奇。一个又一个思想、文学、艺术大师的名字为我们所熟知、敬仰、怀念，他们其人其事，他们的成就，他们的形象与声音，穿透了时间这面多棱镜，经历了异域的考验，构筑成我们对法兰西的集体想象——他们即是法国，他们或用思想充实我们，或用文字滋养我们，或用人格感动我们。艾迪特·皮雅芙是用歌声来打动我们的，她的歌声带着时代的记忆，吟唱法兰西的灵魂，抚爱大众的心灵，穿透了岁月，依旧回响在我们耳边，她用歌声演绎铸就了自身的传奇。

　　一九一五年十二月十九日，艾迪特·乔瓦娜·加雄出生于巴黎的美丽城，一九六三年十月十一日，艾迪特·皮雅芙与挚友，诗人、法兰西院士让·科克多在同一天相继离世。传说科克多在得知皮雅芙的死讯后，因情绪激动而突发不适，几个小时之后，诗人便因心脏病发作而去世，于是，法国在这一日接连失去了两个伟大的灵魂。"不论是死是生，皮亚芙都是一场景观"。一九六三年十月十四日，巴黎近四万民众自发聚集在拉雪兹神甫公墓门前为"巴黎城的女儿"送行。拉雪兹神甫公墓距美丽城仅有数百米之遥，生命在这短短数百米内转了一个轮回，完成了几次蜕变，艾迪特·乔瓦娜·加雄变成了"小麻雀"，成了"艾迪特·皮亚芙"，成了"皮亚芙夫人"；街头卖唱少女从美丽城走向香榭丽舍大道，登上巴黎最崇高的音乐厅，横跨大西洋，走向纽约；歌唱家皮亚芙征服了巴黎，征服了法国，征服了世界……

　　菲利普·克罗克和让·马雷斯卡撰写的《艾迪特·皮亚芙：人生并非总是玫瑰》引领我们去了解这个法国乐坛传奇。通过文字，通过叙述，通过皮雅芙生前好友、身边人的追忆，我们可以逐步走进歌唱家的生活，走入她所生活的时代，感悟她歌声后的悲喜人生。谱写传记并非还原历史，而是要书写生活。两位传记作者仿佛将皮亚芙生命中最重要的瞬间——铺陈在读者面前，让时间的距离消解在阅读之中，让我们真正进入艾迪特·皮亚芙的人生。

　　皮亚芙是一个伟大的歌手。出身的卑劣，世事的艰辛，命运的一次次重击，都没有扼杀她生命的坚强和对艺术的执著。她始终在歌唱爱情。她歌唱甜蜜的爱，如在《玫瑰人生》中所呢喃的那样："当他轻拥我入怀，低声向我诉说，我眼前浮现了玫瑰色的人生……"但更多时候，她"歌唱被嘲弄的爱情，歌唱逃遁的爱情"，她"大声呼唤爱情"，尽管"要获得爱的权力，需要付出多少的泪水"，可她从来没有对爱失望。一次访谈中，记者问道："您在歌中总是在歌唱爱情，而爱，不仅仅是一个词儿，不仅仅是歌中的一个字眼，您对爱有何期冀？"她说："爱所给给予我的，是奇妙，是忧伤，是悲剧，是无与伦比。"记者继续问："或许还有失望？"她回答道："爱从没让我失望。"曾经那些得到或没有得到的爱，逝去的爱，绝望的爱成就了皮亚芙，而她的爱，也成就了伊夫？蒙当，成就了夏尔·阿兹纳武尔，塑造了法国歌坛的一个时代的神话。

　　皮亚芙歌唱她所了解的底层大众的百态人生，而人生并非总是玫瑰，于是她唱出了沉醉、失去、幻灭、怀旧和力量。科克多说过，"一首首现实主义歌曲是一出出袖珍版的悲剧"，要知道，悲剧并非掌控在古典舞台上众神的手里，悲剧是世俗的，它弥漫着人间的烟火气息，发生在你我身上，发生在你我周围，它源自生活。皮亚芙在上个世纪五十年代将现实主义歌曲推向了顶峰。乐声响起，在空旷的舞台上，皮亚芙一身黑裙，在管弦乐队的伴奏声中，开始放歌。她是酒神狄俄尼索斯式的艺术家，从她那瘦小、纤弱的身形中张放出惊人的力量，她的声音填满了整个音乐厅，无止境地回旋着，拨动了听众的心弦，一下又一下，催人泪下。在放歌中，歌唱家的生命仿佛燃烧殆尽。多少次，她昏倒在舞台上，又坚强地站立起来，舞台上，她得以一次次重生，而艺术在她有限的生命中得以不朽。或许，她曾经期望生命在舞台上完美谢幕，因为她曾说过："死亡对我是一种解脱，因为，一想到有一天我不再能唱歌，生命也就没有意义了，或许还有爱，可是，我想，少了歌的爱，是长不了的。少了爱的歌，也唱不久。"

在皮亚芙的歌声中，我们能够看到一个时代的缩影，在皮亚芙的歌声中，我们也能看到自己。或许这正是我们喜欢她的原因。

高 方

2010 年 1 月于南园

附 录
由艾迪特·皮亚芙作词和/或作曲的歌曲

与玛格丽特·莫诺合作：

《时机未到》（与马塞尔·阿沙尔和米蒂·戈尔丁合作词）

《这就是爱》

《这是节日的一天》

《蓝调》

《钟响了》

《蓝蓝的一角》

《达尼》（西蒙娜·阿尔玛演唱）

《在你眼中》（与马塞尔·阿沙尔和米蒂·戈尔丁合作词）

《别急，等等再说》（与马塞尔·阿沙尔和米蒂·戈尔丁合作词）

《她有》（伊夫·蒙当演唱）

《再来一杯》（保罗·佩里演唱）

《成就伟大的爱》（词曲）

《有多样的爱》（莫娜·戈雅演唱）

《大都市》（伊夫·蒙当演唱）

《爱的颂歌》

《我不想再刷碗》

《我会爱上的男人》（与马塞尔·阿沙尔和米蒂·戈尔丁合作词）

《酒吧的男人》

《如果你爱我》

《我与爱情同舞》

《我的爱情刚结束》（达米娅演唱）

《我的朋友，你们在哪?》

《小玛丽》

《俏小妞》（与马塞尔·阿沙尔和米蒂·戈尔丁合作词）

《死路一条》（伊冯·让-克洛德于一九四三年首次演唱）

《是是是是》（与马塞尔·阿沙尔和米蒂·戈尔丁合作词）

《梦已逝去》（合作曲）

《你无处不在》

《你无需我的……》（合作曲）

《爱情华尔兹》（与马塞尔·阿沙尔和米蒂·戈尔丁合作词）

《多了一个》（莉娜·维亚拉于一九四〇年首次演唱）

与夏尔·迪蒙合作：

《情人》

《美丽的爱情故事》

《爱之歌》

《一个女孩在路上哭》（夏尔·迪蒙演唱）

《你是我需要的男人》

《我，我爱爱情》（尼塔·雷亚演唱）

《他在嫉妒》（尼塔·雷亚演唱）

与卢伊吉（路易·古格里尔密）合作：

《这是位高贵的先生》

《希望我的歌很美》

《当我吻她时》（雅克·皮尔斯演唱）

《玫瑰人生》

《古特努瓦尔先生》

《我的爱人有一双忧郁的眼睛》

《流浪者》（让娜·埃里卡尔于一九四一年首次演唱）

与罗贝尔·肖维尼合作：

《是你的眼神惹的祸》（合作曲）

《就是你》（与马塞尔·阿沙尔和米蒂·戈尔丁合作词）

《因为我爱你》（与马塞尔·阿沙尔和米蒂·戈尔丁合作词曲）

《为我歌唱》（合作曲）

《别哭》（合作曲）

《一段副歌在路上跑》

《从早到晚》（与马塞尔·阿沙尔和米蒂·戈尔丁合作词曲）

《妈妈的眼睛》（"歌伴"演唱团演唱，并参与作曲）

《在河畔》（与朱利安·布凯合作曲）

与吉尔贝·贝科合作：

《它会叫，夫人》

《她曾说》

《致友人》（雅克·皮尔斯演唱）

《青春颂歌》

《传奇》

与克洛德·莱韦耶合作：

《别碰你的梦》

《不，生活不忧伤》

《三套马车》

《这是爱的节日》

与弗朗西斯·莱合作：

《鼓声咚咚》

《时尚小孩》（泰奥·萨拉波演唱）

《手》（泰奥·萨拉波演唱）

《黎明时分》（泰奥·萨拉波演唱）

《启程》（泰奥·萨拉波演唱）

《捍卫……》（泰奥·萨拉波演唱）

《西班牙贵族》（泰奥·萨拉波演唱）

《虚张声势!》（泰奥·萨拉波演唱）

《今日的爱情歌》（泰奥·萨拉波演唱）

《我风度翩翩》（克洛德·菲居斯演唱）

《星期日情人》（克洛德·菲居斯演唱）

《骗子》（克洛德·菲居斯演唱）

与弗洛朗斯·韦朗（埃利亚内·梅耶尔）合作：

《黑带》（泰奥·萨拉波演唱）

《在萨比娜家》（泰奥·萨拉波演唱）

《伦敦周日》（泰奥·萨拉波演唱，同时还有一个彩排时录制的与艾迪特·皮亚芙合唱的版本）

与马克·埃拉合作：

《你对我的意义》（马克·埃拉作曲）

《确实有些什么》（马克·埃拉作曲）

《好了，来了》（马克·埃拉作曲）

其他：

《马路清洁工》（保罗·迪朗作曲/伊夫·蒙当演唱）

《平庸之辈》（皮埃尔·罗什作曲）

《我会记得今天》（威廉·昂热维克作曲）

《他做了些……》（爱德华·谢克莱作曲/伊夫·蒙当演唱）

《我只要看着她》（亚历克斯·西尼亚韦内作曲/安德烈·克拉沃于一九四三年首次演唱）

《我有什么》（安热·贝蒂作曲/伊夫·蒙当演唱）

《别念念不忘》（莫里斯·米尼奥作曲）

《苏菲小姐》（诺贝尔·葛朗兹贝尔作曲/伊夫·蒙当于一九四四年首次演唱）

《就在今晨》（亨利·布泰尔和让·瓦兹作曲/蒂诺·罗西于一九四三年首次演唱）

银幕上的艾迪特

《假小子》（1936）

导演：让·德·利姆尔。

1935年摄制于茹万维尔电影制片厂，黑白电影。

根据维克托·玛格丽特的小说《任性的女人》改编。

合作者：玛丽·贝尔，阿列蒂，莫里斯·埃斯康德，让·蒂西耶，苏兹·索利多尔，让娜·马肯……

音乐：让·维纳和让·马里奥。

艾迪特以"小麻雀"之名演唱了《仍然》。

《塞纳河上的蒙马尔特》（1941）

导演：乔治·拉孔布。

编剧：乔治·拉孔布，安德烈·卡亚特。

音乐：玛格丽特·莫诺。

1941年摄制于库尔贝瓦电影制片厂，黑白电影。

合作者：亨利·维达尔，让-路易·巴罗，丹尼丝·格雷，保尔·默里斯，尚皮，让·迪瓦莱，马克·多尔尼兹……

艾迪特·皮亚芙演唱了《你无处不在》《蓝蓝的一角》《我与爱同舞》和《酒吧的男人》。

《无光的星星》(1946)

导演和编剧：马塞尔·布利斯坦。

1945 年摄制于百代影城、博比诺、凡尔赛宫和茹万维尔，黑白电影。

音乐：居伊·卢伊巴尔。

合作者：米拉·帕雷利，马迪·贝里，朱尔·贝里，塞尔日·雷贾尼，伊夫·蒙当，保罗·弗朗克尔，科莱特·布罗塞，让·雷蒙……

艾迪特·皮亚芙演唱了《往日情事》《永别了我的心》《妙不可言》《海盗之歌》和《婚礼》。

《九个男孩与一颗心》(1948)

导演和编剧：乔治·弗雷德兰。

1947 年摄制于布洛涅-毕扬库尔电影制片厂，黑白电影。

音乐：勒维内克

合作者：伊丽莎白·威尔士，吕西安·巴鲁，马克·博内尔，"歌伴"演唱团

艾迪特·皮亚芙演唱了《苏菲》《一段副歌在路上跑》和《玫瑰人生》，并与"歌伴"演唱团合唱了《三口大钟》和《正是为此》。

《巴黎一直在歌唱》(1952)

导演：皮埃尔·蒙塔塞尔。

编剧：罗歇·费拉尔，雅克·夏巴纳，由克莱芒·迪乌尔提供创意。

1951 年摄制于布洛涅-毕扬库尔电影制片厂，黑白电影。

音乐：雷蒙·勒格朗。

合作者：利内·雷诺，“歌伴”演唱团，蒂诺·罗西，伊夫·蒙当，乔治·盖塔里，让·萨布隆，皮埃雷特·苏普莱，雷蒙·苏普莱，欧布拉迪，克里斯蒂娜·卡雷尔以及木头十字架上的小歌手……

艾迪特·皮亚芙演唱了《爱的颂歌》。

《巴黎 "嘣" 的一声响》 （1954）

导演：莫里斯·德·卡农热。

编剧和对话：罗歇·费拉尔和雅克·夏巴纳。

音乐：卢伊吉。

摄制于巴黎埃皮奈和埃维昂电影制片厂，黑白电影。

合作者：雅克·皮尔斯，朱丽叶·格雷科，夏尔·特雷内，穆卢吉，米克·米谢，让·诺安，安妮·科尔迪，吕西安娜·德利勒，艾梅·巴雷利交响乐团，四个大胡子组合……

艾迪特·皮亚芙演唱了《疯狂地爱你》，并与雅克·皮尔斯合唱了《但愿我的歌很美》。

《假如凡尔赛宫对我说》（1954）

导演和编剧：萨沙·吉特里。

1953 年摄制于凡尔赛宫，彩色电影。

音乐：让·弗朗赛。

合作者：奥森·威尔士，让·马雷，热拉尔·菲利普，波利娜·卡尔东，布丽吉特·巴多，蒂诺·罗西，让-路易·巴劳尔，马丽·马凯，加比·莫尔莱，布尔维，安妮·科尔迪，萨沙·吉特里，妮科尔·库塞尔，达妮埃勒·德洛姆……

艾迪特·皮亚芙演唱了《会好的……》。

《法国康康舞》(1955)

编剧、改编导演和对话：让·雷诺阿。

音乐：乔治·范帕里斯。

1954 年摄制于茹万维尔电影制片厂，彩色电影。

合作者：让·迦本，弗朗索瓦丝·阿努尔，玛丽亚·费利克斯，菲利普·克莱，贾尼·埃斯波西托，多拉·多尔，米歇尔·皮科利，帕塔舒，安德烈·克拉沃……

艾迪特·皮亚芙（饰演欧仁妮·比费的角色）演唱了《石板路小夜曲》。

《明日情人》(1959)

导演：马塞尔·布利斯坦。

编剧：皮埃尔·布拉瑟尔。

音乐：玛格丽特·莫诺。

1957 和 1958 年摄制于布洛涅-毕扬库尔电影制片厂，黑白电影。

合作者：阿尔芒·梅斯特拉尔，米歇尔·奥克莱尔，奥利维耶·于斯诺，罗贝尔·达尔班，莫娜·戈雅……

在这部电影中，艾迪特·皮亚芙扮演了一个真正的角色，演唱了《明日情人》《芬兰的雪》《只要还有时日》和《假装爱我》。

舞台上的艾迪特

《冷漠的美男子》（1940）

让·科克多创作的独幕剧。

导演：安德烈·布吕莱。

布景：克里斯蒂昂·贝拉尔。

合作者：艾迪特·皮亚芙先是和保尔·墨里斯，后来是让·马尔科尼。

1940 年 4 月 19 日在巴黎意大利剧院首演。

该剧后来又被不同的喜剧演员于 1942 年、1946 年和 1953 年搬上舞台。

《小莉莉》（1951）

马塞尔·阿沙尔创作的两幕音乐剧。

导演：雷蒙·鲁洛。

布景：利拉·德·诺比利。

合作者：艾迪特·皮亚芙，埃迪·康斯坦丁，罗贝尔·拉穆勒，罗贝尔·罗利，罗贝尔·达尔班。

乐曲改编和音乐指导：罗贝尔·肖维尼。

手风琴：马克·博内尔。

1951 年 3 月 10 日在 ABC 剧院首演。

艾迪特·皮亚芙演唱了《我会爱上的男人》《别急，等等再说》《从早到晚》《爱情华尔兹》《时机未到》和《一无所有》，并与埃迪·康斯坦丁合唱了《是是是是》和《就是你》。后者还独唱了《俏小妞》和《在你眼中》。

唱片分类目录

在艾迪特的整个职业生涯中，她只为两家公司录制过唱片：环球唱片公司旗下的宝丽金唱片公司和法国百代唱片公司旗下的百代-马尔科尼公司。

皮亚芙1956年以前录制的所有歌曲都可以被大家自由使用。多家法国和国际出版商曾发行过各种金曲唱片。

为清晰起见，以下唱片分类目录只收录"官方"唱片集（由环球和百代出版的唱片集），所谓"在世"唱片集，即如今仍然能够买到的唱片。

这些唱片集要么是以原版唱片集的再版形式出现，要么按年代（如皮亚芙1936）或主题（皮亚芙与"歌伴"歌唱团）分类来辑录。

环球目录

天才艾迪特·皮亚芙	301 735 – 1
皮亚芙	1936 834 512 – 2
皮亚芙与"歌伴"演唱团	191 899 – 2
大师系列（2CD）	198 875 – 2
艾迪特·皮亚芙：爱 & 激情	197 996 – 2
艾迪特·皮亚芙：CD 故事	980 880 – 0
艾迪特·皮亚芙	198 538 – 2
玫瑰人生	198 007 – 2
艾迪特·皮亚芙：走私者	198 005 – 2
大师系列，第 1 集	832 189 – 2
艾迪特·皮亚芙，第 1 集	832 189 – 2
艾迪特·皮亚芙，第 2 集	198 176 – 2
艾迪特·皮亚芙，第 3 集	198 176 – 2
精选	301 712 – 4
大师系列（1CD）	301 723 – 4
皮亚芙歌颂爱情	301 726 – 2

法国百代目录

1955 奥林匹亚歌厅	584 226 – 2
1956 奥林匹亚歌厅	584 992 – 2
1958 奥林匹亚歌厅	584 987 – 2
1961 奥林匹亚歌厅	584 986 – 2
1962 奥林匹亚歌厅	584 985 – 2
精选（2003）	592 370 – 2
博比诺 1963 皮亚芙 & 萨拉波	584 988 – 2
这就是爱（1960）	584 989 – 2
卡内基音乐厅（1956 – 1957）	592 246 – 2
从手风琴家到我的老爷	584 540 – 2
爱的颂歌	584 673 – 2
从前，有一种声音	827 144 – 2
疯狂地爱你	584 993 – 2
人群	827 140 – 2
玫瑰人生（1952）	584 990 – 2
声音	584 983 – 2
冷漠的美男子	584 984 – 2
特鲁艾尔的情人（1962）	584 991 – 2
艾迪特·皮亚芙的 100 次成功	810 032 – 2
向艾迪特·皮亚芙致敬	593 782 – 2
玫瑰人生	827 135 – 2

241

值得一提的是，还有一套名为《手风琴》的华丽唱片，共20 张 CD、413 首歌，其中有 7 首以前未曾公开发行，另有两本小册子，印有许多鲜有出版的珍贵资料和照片。这份限量发行的全集（592 205 – 2）是为纪念皮亚芙逝世 40 周年而专门制作的，由环球公司和法国百代公司合作完成。

参考书目

《艾迪特·皮亚芙》，吉勒·科斯塔著，Seghers 出版社，1974

《小姑娘皮亚芙》，奥古斯特·勒·布雷东著，Hachette 出版社，1980

《音乐厅与咖啡音乐会》，安德烈·萨莱、菲利普·肖沃合著，Bordas，1985

《难忘皮亚芙》，玛塞勒·鲁捷著，Renaudot & Cie 出版社，1990

《瞧，我未曾忘却》，埃尔韦·阿蒙、帕特里克·罗特曼合著，Seuil – Fayard 出版社，1990

《艾迪特·皮亚芙》，若埃勒·蒙瑟拉著，PAC 出版社，1993

《跟着人流走》，贝尔纳·马尔舒瓦著，Vade Retro 出版社，1993

《皮亚芙》，西蒙娜·贝尔托著，Robert Laffont 出版社，1993

《皮亚芙》，皮埃尔·杜克洛、乔治·马丁合著，Seuil 出版社，1993

《我的生活乱如麻》，皮埃尔·布拉瑟尔著，Calmann Lévy 出版社，1997

《白金》第 44 期，1997

《阿兹纳伍尔，心灵之王》，A. & B. 雷瓦尔合著，France Empire 出版社，2000

《艾迪特·皮亚芙》，斯坦·屈埃斯塔合著，Librio 出版社，2000

《蒙当自话》，埃尔韦·阿蒙，帕特里克·罗特曼整理，Seuil 出版社，2001

《亚历山大的猫》，马克·勒格拉与乔治·穆斯塔基对话录，Fallois 出版社，2002

《艾迪特·皮亚芙》，让-多米尼克·布里埃著，Hors Collection 出版社，2003

《巴黎少女》，弗朗索瓦·莱维著，Textuel 出版社，2003

《我的朋友艾迪特·皮亚芙》，吉努·里歇尔著，L'Instantané 出版社，2004

《电影巴黎》，N. T. 宾著，Parigramme 出版社，2005

《论皮亚芙的一首歌》，达维德·勒莱著，J'ai Lu 出版社，2005

其他参考书目

词曲作者和音乐出版者协会

《艾迪特·皮亚芙最后的日子》，菲利普·皮雄的纪录片。Sunset Presse 出品，6 月 17 日 Média et Sérial Productions（法国 2 台）

访谈

弗雷德·梅拉，2006 年 3 月 18 日

让·米歇尔·鲍里斯，2006 年 3 月 22 日

勒密·康斯坦丁，2006 年 3 月 23 日

夏尔·迪蒙，2006 年 4 月 14 日
乔治·穆斯塔基，2006 年 5 月 30 日
吉内特·里歇尔（吉努），2006 年 5 月 30 日
米舍利娜·达克斯，2006 年 6 月 2 日
弗朗西斯·莱，2006 年 6 月 6 日

访谈作者们对于被访者愿意付出时间接受采访表示衷心感谢。

同样要感谢洛尔和卡蒂，感谢他们的支持和耐心，感谢西尔维·迪库、科利斯泰尔·亚当斯、埃里克·斯拉比亚克……

（京权）图字：01-2010-0423
图书在版编目（CIP）数据

艾迪特·皮亚芙：人生并非总是玫瑰／（法）克罗克，（法）马雷斯卡著；高方，杨振译．－北京：作家出版社，2010.3
　ISBN 978-7-5063-5299-4

Ⅰ.①艾… Ⅱ.①克…②马…③高…④杨… Ⅲ.①皮亚芙，E.
－传记 Ⅳ.①K835.655.76

中国版本图书馆CIP数据核字（2010）第054657号

Philippe Crocq et Jean Mareska
La vie pas toujours rose d'Edith Piaf
© Editions du Rocher, 2007
策划：猎文文化发展有限公司

Centre du Livre Etranger des Editions Mer-Ciel
Chasse Litté

艾迪特·皮亚芙：人生并非总是玫瑰

作者：（法）菲利普·克罗克　让·马雷斯卡
责任编辑：王炘　周茹　翟婧婧
封面设计：视觉共振设计工作室
出版发行：作家出版社
社址：北京农展馆南里10号　　　邮码：100125
电话传真：86-10-65930756（出版发行部）
　　　　　86-10-65004079（总编室）
　　　　　86-10-65015116（邮购部）
E-mail: zuojia@zuojia.net.cn
http://www.zuojia.net.cn
印刷：紫恒印装有限公司
成品尺寸：140×205
字数：180千
印张：8　　　插页：10
版次：2010年3月第1版
印次：2010年3月第1次印刷
ISBN 978-7-5063-5299-4
定价：28.00元